«Una obra maravillosa sobre un tema delicado. Pensado y escrito para jóvenes, SEXO... ¿QUÉ ES? es indispensable para padres, maestros y profesionales de la salud. Este libro nos proporciona las palabras y las ilustraciones sobre esta materia que a veces nos son tan difíciles de encontrar.»

Amanda Rodríguez, MD
Pediatra y Directora
de la Clínica Latina de Pediatría
Boston Medical Center

«Como adultos tenemos la obligación moral de ayudar a los jóvenes a expresar su sexualidad de manera saludable y vivificante. SEXO... ¿QUÉ ES? es una guía maravillosa para introducirnos en la materia.»

Reverenda Judy Agate
Directora de Programas Juveniles
Unitarian Universalist Association

«La mayoría de los adultos no saben realmente como hablar con los niños acerca del sexo. Este libro lo hará por ellos. Les ayudará a encararse a esos momentos terriblemente incómodos y dará a los niños la información que necesitan para vivir y querer.»

Larry Kessler
Director Ejecutivo
AIDS Action Council
Boston, Massachusetts

«SEXO... ¿QUÉ ES? les da a los niños y jóvenes una oportunidad de leer un enfoque honesto y explicativo acerca de sus cuerpos en pleno desarrollo. El texto y las ilustraciones les brindarán una oportunidad de comprenderse y valuarse. Se lo recomiendo a los padres, así como a sus hijos adolescentes. ¡Les encantará!»

T. Berry Brazelton, MD
Autor de Touchpoints

Dedicado a mi esposo,
a mis chicos, a Val.
¡Gracias!
R.H.H

A mis padres
M.E.

Título original:
IT'S PERFECTLY NORMAL

Traducción: Irene Saslavsky
Adaptación: Trish Moylan Torruella

Texto   © 1994, Robie H. Harris
Ilustraciones © 1994, Michael Emberley

Los dibujos del Pájaro y la Abeja son marcas registradas
de BIRD Productions, Inc., y BEE Productions, Inc.

Sexo... ¿Qué es? es una marca registrada de BEE
Productions, Inc., y BIRD Productions, Inc.

Para todos los países de lengua castellana:
© 1996, Ediciones Serres, S.L.
        Muntaner, 391 – 08021 Barcelona

Primera edición, 1996
Primera reimpresión, 1997
Segunda reimpresión, 1999
Edición para América, 2000

EDITADO POR ACUERDO CON
WALKER BOOKS LIMITED, LONDRES

Fotocomposición: Editor Service, S.L. – Barcelona

ISBN: 84-95040-35-2

NOTA PARA EL LECTOR
Mientras escribíamos este libro, comprobamos y
volvimos a comprobar la información científica
y el resultado de las últimas investigaciones. Lo que
aprendimos de los científicos y los profesionales de
la salud es que lo que se sabe acerca de este tema
evoluciona y cambia continuamente. Aunque existe
un gran acuerdo, también hay cierto desacuerdo y
aún quedan algunas preguntas. En este momento, la
información proporcionada por este libro es lo más
actual y precisa posible. Si tienes dudas o necesitas
más información, puedes preguntar a tus padres, a
tu médico, a tu maestro/a, a tu consejero escolar
o a tu clérigo.

R.H.H. y M.E.

Desarrollo,
cambios corporales,
sexo y salud
sexual

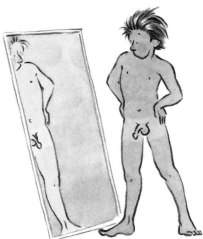

SEXO...
¿Qué es?

Robie H. Harris

Ilustrado por
Michael Emberley

SerreS

Contenido

Cuarta parte

Familias y bebés

Quinta parte

Decisiones

Sexta parte

Cómo conservar la salud

Introducción

Un montón de preguntas

Cambios corporales, desarrollo, sexo y salud sexual

En algún momento entre los diez y los trece años, los cuerpos de los niños comienzan a cambiar y se convierten en cuerpos adultos.

> ¡Genial!

> ¡Qué vulgaridad!

La mayoría de los jóvenes se hacen muchas preguntas acerca de lo que les ocurrirá cuando, durante esta época, sus cuerpos cambien y crezcan.

> Yo no.

> Yo sí.

Es perfectamente normal sentir curiosidad y querer saber cosas relativas a los cuerpos que cambian y crecen. La mayoría de los cambios –pero no todos– que

tienen lugar durante este período posibilitan que los humanos tengan y den a luz a un bebé. Y hacer un bebé tiene mucho que ver con el sexo.

> Bien, sé que este asunto no sólo está relacionado con los repollos.

> Se trata de las cosas de la vida.

El sexo trata de muchas cosas: los cuerpos, el desarrollo, las familias, los bebés, el amor, el cariño, la curiosidad, los sentimientos, el respeto, la responsabilidad, la biología y la salud. También hay momentos en los que la enfermedad y el peligro pueden formar parte del sexo.

La mayoría de los jóvenes se hacen muchas preguntas acerca del sexo. También es perfectamente

> ¡Oye! Me estaba sintiendo extraña.

> Yo me sentía perfectamente normal.

normal querer saber cosas con respecto al sexo.

Puede que te preguntes por qué es una buena idea aprender algunas cosas acerca de los cuerpos, el desarrollo, el sexo y la salud sexual. Es importante porque te permiten mantenerte sano, cuidarte y tomar decisiones adecuadas con respecto a ti mismo mientras creces y durante el resto de tu vida.

Además, aprender estas cosas puede ser fascinante y divertido.

> A mí no me parece muy divertido.

> Tal vez eres extraña.

Primera parte
¿Qué es el sexo?

1
Niña o niño, hembra o macho
Sexo y género

¿Qué es el sexo? ¿Qué es, exactamente? ¿De qué trata?

Son preguntas que se hacen muchos jóvenes. No es necesario sentirse avergonzado o estúpido si no se saben las respuestas, porque el sexo no es un asunto sencillo.

El sexo son muchas cosas y las personas tienen sentimientos y opiniones muy diferentes al respecto. Por eso la pregunta: ¿qué es el sexo? tiene más de una respuesta.

El sexo no sólo se refiere a abrazarse y besarse. Y tampoco se refiere sólo al amor. Eso lo sé.

Bien, pero tampoco se refiere solamente a hacer bebés.

Una manera de averiguar cosas al respecto es preguntarle a alguien en quien confías. Recuerda: no hay preguntas estúpidas. Otra manera de averiguar cosas acerca del sexo es leer. Por ejemplo: puedes buscar el significado de la palabra sexo en el diccionario.

Esto es lo que pone en un diccionario en la definición de la palabra *sexo*:

1. Cualquiera de los dos grupos principales, machos o hembras, en los que se dividen los seres vivos.

Las personas siempre quieren saber el sexo de un bebé recién nacido. De manera que no resulta

sorprendente que cada vez que nace un bebé, siempre haya alguien que grite: "¡Es una NIÑA!" o "¡Es un NIÑO!" Y generalmente la primera pregunta que hacen los niños cuando se enteran de que va a llegar un alumno nuevo es: "¿Es un niño o una niña?"

¡La palabra sexo aparece en el diccionario!

Me parece que me dirigiré a la biblioteca.

Cuando las personas utilizan la palabra sexo de esta manera, en general se están refiriendo al género de la persona: si es hembra o macho, una niña o un niño, una mujer o un hombre.

El género es otra palabra para describir si una persona es hembra o macho. Si alguien es un niño o un hombre, pertenece al género masculino. Si alguien es una niña o una mujer, pertenece al género femenino.

2
Cómo se hacen los bebés
La reproducción sexual

El diccionario nos dice más cosas acerca del sexo.

2. La reproducción sexual.

El sexo también trata de la reproducción: hacer bebés. *Reproducir* significa *volver a producir o volver a hacer.*

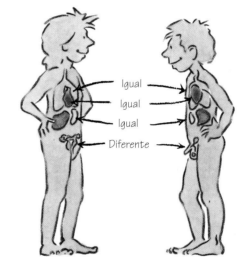

Igual
Igual
Igual
Diferente

Ciertas partes de nuestros cuerpos hacen que para un hombre y una mujer sea posible reproducirse: hacer bebés, cuando sus cuerpos se han desarrollado. Las partes de nuestro cuerpo que lo hacen posible se llaman órganos reproductores.

Los órganos de nuestro cuerpo son las partes que tienen que llevar

a cabo una tarea específica. Por ejemplo: el corazón es el órgano cuya tarea especial consiste en bombear la sangre. Los científicos saben que la mayoría de los órganos de nuestros cuerpos, como el corazón, los pulmones y el estómago son iguales, sin importar que seamos del género masculino o femenino. Pero los órganos

reproductores de los hombres y las mujeres no son iguales.

Las personas también denominan a los órganos reproductores órganos sexuales u órganos del sexo. Los órganos sexuales masculinos y femeninos están preparados para funcionar de una manera asombrosamente interesante. Son diferentes porque deben desempeñar tareas diferentes.

Tanto los hombres como las mujeres tienen órganos sexuales internos y externos. Los externos están situados entre nuestras piernas, en la parte externa de nuestros cuerpos y se llaman genitales. Los órganos sexuales internos están metidos dentro de nuestros cuerpos y se llaman órganos reproductores.

Si eres una hembra, tu vagina y tus ovarios son dos de tus órganos sexuales. Si eres un macho, tu pene y tus testículos son dos de tus órganos sexuales.

De modo que el sexo también está relacionado con hacer una persona nueva: hacer un bebé.

3
Sentimientos intensos
El deseo sexual

El diccionario nos dice incluso otras cosas acerca del sexo.

3. El deseo sexual

El sexo también está relacionado con estar cerca de alguien, lo más cerca posible.

¿Alguna vez has anhelado algo con intensidad? Eso es el deseo: cuando realmente quieres que alguien sea tu mejor amigo o amiga, o cuando realmente quieres un helado de chocolate.

No sabes por qué quieres estas cosas. Ni siquiera piensas por qué las quieres. Te limitas a anhelarlas. Son sentimientos de ansiedad, de deseo.

El deseo sexual es diferente de estos deseos, diferente de querer un helado de chocolate, o de querer que alguien sea tu mejor amigo e incluso diferente de querer acurrucarse junto a tu mamá o tu papá, un amigo, un animal doméstico o un juguete blandito.

El deseo sexual significa que te sientes atraído por alguien muy intensamente, como si te arrastrara un imán. Quieres estar físicamente lo más cerca posible de esa persona.

Aunque puedas pasar mucho tiempo pensando en esa persona, el deseo sexual se refiere sobre todo a la manera en que te sientes físicamente con respecto a esa persona. Puedes sentirte excitado o sofocado o tembloroso o estremecido. Y a veces estas sensaciones pueden ser muy intensas.

Para muchos jóvenes, una parte del deseo sexual puede consistir en la diversión de perseguir o provocar o estar colado por alguien.

A menudo es difícil dejar de pensar en esa persona, e incluso puedes llegar a pensar que estás enamorado de él o ella. Eso es lo que se llama "sentirse atraído por alguien".

Tanto las chicas como los chicos se sienten atraídos por personas conocidas y también por desconocidos: como las estrellas de la televisión o del cine, los cantantes pop o las celebridades deportivas.

¡Yo no me siento atraída por nadie!

No es cierto. Sientes atracción por millones de estrellas del pop. Tienes pósters de Los Beatles y de Las Cucarachas Repugnantes y de Las Tarántulas Peludas cubriendo las paredes de tu colmena.

Sienten atracción por personas del mismo sexo y también por las del otro sexo, por las personas que tienen su misma edad o son mayores o menores. Sentir atracción por alguien es perfectamente normal.

Algunos de ustedes probablemente estarán notando los cambios en sus propios cuerpos y las diferencias entre sus cuerpos y los de sus amigos.

Los sentimientos y las ideas que podrías tener con respecto a las otras personas y sus cuerpos pueden provocarte una gran excitación.

El sexo también puede estar relacionado con muchas ideas y sensaciones nuevas que puedas tener con respecto a lo que está ocurriéndote a ti y a tu cuerpo mientras creces.

4
Hacer el amor
Las relaciones sexuales

El diccionario nos dice una cosa más acerca del sexo.

4. *Las relaciones sexuales.*

La palabra *sexo* también significa relación sexual. Algunas personas lo llaman "tener sexo".

La relación sexual ocurre cuando un hombre y una mujer se sienten muy atractivos y atraídos el uno por el otro. Quieren estar muy cerca sexualmente, tan cerca que el pene del hombre se introduce en la vagina de la mujer y la vagina se estira y acomoda al pene.

Cuando esto ocurre, un hombre y una mujer pueden hacer un bebé, una vez que sus órganos reproductores se hayan desarrollado.

Pero la mayoría de las personas no tienen relaciones sexuales sólo cuando quieren hacer un bebé. En general, tienen relaciones sexuales porque son agradables.

Las personas tienen relaciones sexuales incluso cuando son muy ancianas.

Las personas también lo llaman "hacer el amor", porque es una manera de expresar amor. Pero la relación sexual es sólo una de las maneras de expresar amor.

Abrazarse, mimarse, cogerse de la mano, besarse y tocarse son otras maneras de expresar el amor. También lo es estar junto a alguien que te gusta mucho y decirle: "te quiero".

Es importante saber y recordar algunas cosas respecto al sexo y a la relación sexual:

- Resulta sensato esperar hasta que seas lo bastante mayor y responsable como para tomar decisiones saludables con respecto al sexo antes de tener relaciones sexuales.
- Todos tenemos derecho a negarnos a cualquier tipo de tocamiento sexual, siempre.
- Una relación que incluye el contacto sexual suele estar acompañada de sentimientos complicados.
- Después de una relación sexual, una mujer puede quedar embarazada. Pero hay maneras de ayudar a protegerse para evitarlo.
- Durante la relación sexual, se pueden transmitir infecciones graves –como el VIH, el virus que causa el sida–, además de otras infecciones de carácter menos grave.

De manera que el sexo es muchas cosas: incluso son sentimientos e ideas.

¡Son muchas cosas para recordar!

Con esto ya basta.

El sexo es el deseo de estar muy cerca de una persona.

El sexo es la relación sexual.

El sexo es hacer bebés.

Y el sexo está relacionado con el hecho de ser un macho o una hembra.

A veces se emplea la palabra *sexualidad* para hablar del sexo. Cuando las personas emplean la palabra *sexualidad*, generalmente están hablando de todas las cosas de la vida cotidiana que nos convierten en seres sexuales humanos: nuestro género, nuestros sentimientos, pensamientos y deseos sexuales, además de cualquier contacto sexual, desde los tocamientos sexuales hasta la relación sexual.

Por mi parte, preferiría aprender algo más acerca de la astronomía...

Típico.

5
Heterosexual y gay
Heterosexualidad y homosexualidad

Heterosexual y gay son dos palabras relacionadas con el deseo sexual y el sexo.

Un heterosexual es una persona que se siente sexualmente atraída por las personas del otro sexo, o sexo opuesto. *Heteros* es una antigua palabra griega que significa *distinto*.

Me gustan esas palabras griegas.

A mí me gustan las imágenes. Creo que una imagen vale por mil palabras.

En una relación heterosexual, dos personas de sexos opuestos –masculino y femenino– pueden sentirse atraídas, enamorarse o tener relaciones sexuales entre sí.

Una persona *gay* u homosexual es alguien que se siente sexualmente atraído por las personas de su mismo sexo. *Homos* es una antigua palabra griega que significa *igual*. En una relación homosexual, dos personas del mismo sexo: un hombre y otro hombre o una mujer y otra mujer, pueden sentirse atraídos, pueden enamorarse y pueden tener relaciones sexuales entre sí.

Una relación sexual entre dos mujeres también se llama una relación lesbiana. La palabra *lesbiana* comenzó a usarse a finales del siglo XIX. Se refiere a épocas remotas, alrededor del año 600 a. C., cuando la gran poetisa Safo vivía en la isla griega de Lesbos. Safo escribió sobre la amistad y el amor entre mujeres.

Los antiguos griegos creían que el amor entre dos hombres era la forma más elevada del amor. En la antigua ciudad-estado griega de Esparta, alrededor del año 1000 a. C., se procuraba que los amantes masculinos pertenecieran al mismo regimiento del ejército. Se creía que si un guerrero pertenecía al mismo regimiento que su amante, pelearía con más ardor para impresionarlo. El ejército espartano era uno de los más poderosos y temidos de la antigua Grecia.

Las relaciones *gay* existieron a lo largo de la historia, incluso antes de los antiguos griegos.

La manera en que las personas sienten y piensan con respecto a la homosexualidad está muy relacionada con la cultura y la época en la que viven.

Los científicos no acaban de comprender por qué una persona se convierte en homosexual y otra en heterosexual. De hecho, puede haber más de una razón.

Algunos científicos creen que ser homosexual o heterosexual no es algo que se elige, al igual que no se puede elegir el color de la piel con la que se nace o si se nace varón o hembra. Creen que una persona nace con características o con una configuración biológica que hacen que él o ella se convierta en heterosexual u homosexual. Otros científicos creen que ciertos hechos ocurridos durante la infancia determinan que alguien se convierta en *gay* o en heterosexual.

A veces, durante el desarrollo, los niños sienten curiosidad por otros niños y las niñas sienten curiosidad por otras niñas. Pueden mirar e incluso tocarse el cuerpo. Se trata de una exploración normal y no tiene ninguna relación con que un niño o una niña se convierta en heterosexual u homosexual.

Soñar con alguien del mismo sexo o sentirse atraído por él tampoco significa necesariamente

que un niño o una niña se convertirán en homosexuales.

Algunas personas desaprueban a los hombres *gay* y a las mujeres lesbianas. Algunos incluso odian a los homosexuales sencillamente por serlo.

Es posible que lo sientan porque creen que los homosexuales son diferentes de ellos o que las relaciones homosexuales son malas. En general, estas personas

saben poco o nada acerca de los homosexuales y es frecuente que sus puntos de vista estén basados en temores o en la desinformación, no en los hechos. Es frecuente sentir temor frente a lo desconocido.

Algunas personas se sienten atraídas por personas del mismo sexo y también por las del sexo opuesto. Las personas que sienten atracción, se enamoran o tienen una relación sexual tanto con hombres como con mujeres se denominan bisexuales. *Bi* significa *dos*.

La vida cotidiana de las personas: construir un hogar, tener amigos, divertirse, criar hijos, trabajar y enamorarse, es, en gran parte, la misma, ya sea él o ella homosexual, heterosexual o bisexual.

Si alguien tiene dudas o quiere hacer preguntas acerca de sus sentimientos sexuales, hablar con alguien conocido que le inspire confianza –el padre, la madre, un pariente, un buen amigo o amiga, un maestro/a, un médico, una enfermera o un clérigo– puede ser de ayuda.

Segunda parte
Nuestros cuerpos

6
El cuerpo humano
Toda clase de cuerpos

¡Hay tantos dibujos y pinturas y esculturas del cuerpo humano! A los artistas debe encantarles dibujarlo.

A los artistas les encanta dibujar el cuerpo de la abeja.

Nunca he visto un cuadro de un insecto.

Aguarda. Aún no lo hemos visto todo.

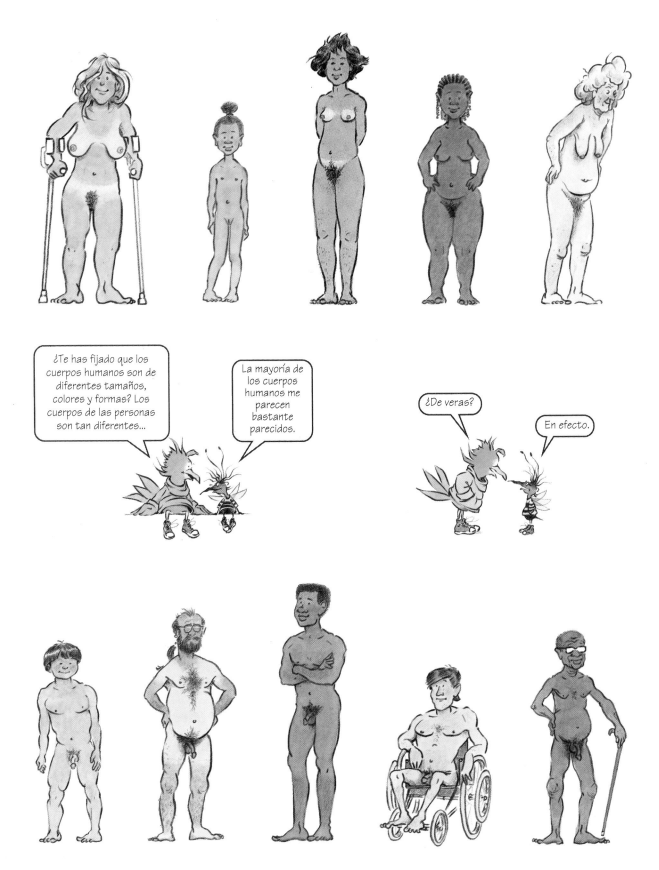

7
Dentro y fuera
Los órganos sexuales femeninos

Es difícil ver los órganos sexuales femeninos externos: el clítoris y la abertura de la vagina, porque están situados entre las piernas.

La vulva
Toda la zona de piel suave situada entre las piernas de una mujer se llama vulva. La palabra *vulva* proviene de la palabra latina *volva*, que significa *cubrir*. La vulva cubre el clítoris, el orificio de la vagina, el orificio de la uretra y los labios vaginales.

Los labios vaginales
Los labios son dos suaves pares de pliegues de piel que están dentro de la vulva. Cubren las partes internas de la vulva: el clítoris, el orificio de la uretra y el orificio de la vagina.

El clítoris
El clítoris es un pequeño bulto de piel del tamaño de un guisante, aproximadamente. Cuando el clítoris se toca y se frota, el cuerpo femenino experimenta una sensación agradable tanto por

dentro como por fuera. Es una sensación hormigueante, cálida y agradable.

El orificio de la uretra

El orificio de la uretra es bastante pequeño. La uretra no es un órgano sexual femenino. Es un tubo por el cual la orina sale del cuerpo.

HECHO CORPORAL: La orina es un desecho líquido del cuerpo; un líquido sobrante de los alimentos y las bebidas que el cuerpo no utiliza. La orina es el único líquido que sale de la uretra.

El orificio de la vagina

La vagina es un pasadizo entre el útero –un órgano sexual que se encuentra dentro del cuerpo femenino– y el exterior del cuerpo femenino. El orificio de la vagina es más grande que el de la uretra.

HECHO CORPORAL: Un trozo delgado de piel, llamado himen, cubre una parte del orificio de la vagina. Mientras una chica crece o cuando es muy activa o durante la primera vez que tiene una relación sexual, el himen se estira y puede desgarrarse ligeramente y el orificio se hace un poco más grande.

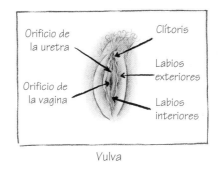

Vulva

El ano

El ano es un orificio pequeño a través del cual las heces –los desechos sólidos– salen del cuerpo femenino.

HECHO CORPORAL: Las heces son la materia sólida sobrante de los alimentos que el cuerpo no utiliza. Salen del cuerpo femenino del mismo modo que salen del masculino. Los desechos sólidos permanecen en los intestinos antes de salir del cuerpo por el ano.

En total, de delante hacia atrás, hay tres orificios entre las piernas de una mujer: el orificio de la uretra, el orificio de la vagina y el ano. Si una chica o una mujer siente curiosidad acerca del aspecto de estos orificios, puede sostener un espejo entre las piernas y mirar.

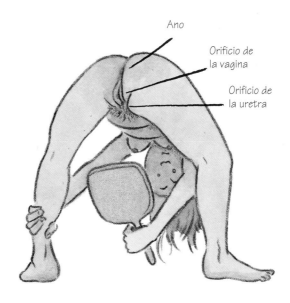

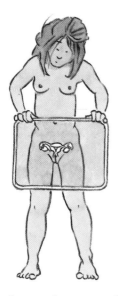

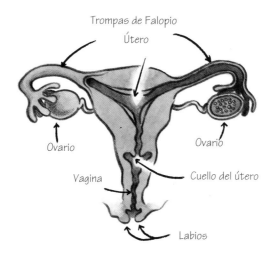

Trompas de Falopio

Útero

Ovario

Ovario

Vagina

Cuello del útero

Labios

Si se pudiera mirar dentro del cuerpo femenino y ver los órganos sexuales femeninos internos, se verían dos ovarios, dos trompas de Falopio, el útero y la vagina.

Los ovarios

Los dos ovarios, situados a ambos lados del útero, son de un tamaño parecido al de dos fresones. Los ovarios contienen las células sexuales femeninas, que también se llaman óvulos.

ovarios

HECHO CORPORAL: Al nacer, los ovarios de un bebé femenino ya contienen un número extraordinario de óvulos: entre uno y dos millones. Pero estos óvulos no son lo bastante adultos como para producir bebés hasta que la niña comience a entrar en la pubertad. La pubertad femenina es la época en que el cuerpo de una niña comienza a convertirse en el de una joven. Puede llegar en cualquier momento entre los nueve y los trece o catorce años. Durante la pubertad, una joven tiene entre trescientos y cuatrocientos mil óvulos. Los óvulos femeninos no son capaces de producir bebés después de haber cumplido cincuenta años de edad.

Las trompas de Falopio

Las dos trompas de Falopio son pasadizos a través de los cuales viaja un óvulo camino del útero. Un extremo de cada trompa casi toca un ovario. El otro extremo está conectado con el útero. Cada trompa mide unos siete centímetros y medio. La circunferencia exterior es parecida a la de una pajita.

Trompas de Falopio

El útero

El útero está hecho de músculos fuertes y es hueco. Su tamaño es más o menos el de una pera pequeña invertida y está conectado a las trompas de Falopio y a la vagina.

Útero

HECHO CORPORAL: El útero es el lugar en el que se desarrolla, crece, se alimenta y resulta protegido un bebé, llamado feto. Durante unos nueve meses el feto crece dentro del útero, que se estira a medida que el feto se hace más grande, hasta que está preparado para nacer. El útero a veces se llama matriz.

El cuello del útero

El cuello del útero es un pequeño orificio situado en la parte inferior del útero. Comunica el útero con la parte superior de la vagina. Esta abertura se ensancha cuando el bebé está a punto de nacer.

La vagina

La vagina es el pasadizo entre el útero y el exterior del cuerpo femenino.

HECHO CORPORAL: Un bebé recorre la vagina cuando está preparado para nacer. La vagina también es el pasadizo a través del cual una pequeña cantidad de sangre, otros fluidos y un poco de tejido abandonan el útero una vez al mes, aproximadamente. Esta pequeña cantidad normal de sangre se llama menstruación o "tener el período" y comienza cuando una niña ha alcanzado la pubertad. La vagina también es el lugar en el que encaja el pene durante la relación sexual.

8
Dentro y fuera
Los órganos sexuales masculinos

Los órganos sexuales masculinos externos, el pene y el escroto –que contiene dos testículos– son fáciles de ver cuando un niño o un hombre están desnudos, porque cuelgan entre sus piernas.

El escroto
El escroto es la bolsa blanda de piel arrugada que cubre, sostiene y protege los testículos, que tienen forma de ciruela.

El pene
El pene está formado por un tejido esponjoso blando y unos vasos sanguíneos. La orina –un desecho líquido– abandona el cuerpo de un varón a través de un pequeño orificio en el extremo del pene. El extremo del pene se llama glande. Cuando se toca y se frota el pene, el cuerpo de un varón experimenta una sensación agradable, tanto por dentro como por fuera: un hormigueo, cálido y agradable.

Ano

Escroto

Pene

Ahora volvemos a ver el interior.

¡Cielos! ¿Tenemos que hacerlo?

HECHO CORPORAL: En general, el pene está blando y cuelga por encima del escroto. A veces se pone duro y tieso y se vuelve más grande y más largo, sobresaliendo del cuerpo. Esto se denomina erección.

HECHO CORPORAL: Todos los varones nacen con un poco de piel suelta que cubre el extremo del pene y se llama prepucio. A algunos bebés varones les eliminan el prepucio algunos días después de nacer. Lo hace un médico o una persona religiosa especialmente entrenada. Esto se llama circuncisión. Aunque un pene circuncidado tiene un aspecto diferente de uno sin circuncidar, los dos funcionan de la misma manera y los dos funcionan bien.

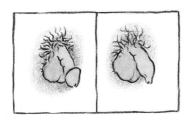

Pene circuncidado

Pene no circuncidado

El ano

El ano es un orificio pequeño a través del cual las heces –los desechos sólidos– abandonan el cuerpo de un varón.

HECHO CORPORAL: Las heces son la materia sólida sobrante de los alimentos que el cuerpo no utiliza. Abandonan el cuerpo del varón del mismo modo que abandonan el cuerpo femenino. Los desechos sólidos permanecen en los intestinos hasta que salen del cuerpo por el ano.

De delante hacia atrás, hay dos orificios entre las piernas de un varón: el pequeño que está en el extremo del pene y el ano.

Si se pudiera observar el interior del cuerpo de un varón y ver sus órganos sexuales internos, se verían dos testículos y una serie de tubos y glándulas conectados entre sí.

Los testículos

Los dos testículos son blandos y esponjosos, y el escroto los cubre y los protege. Generalmente, un testículo cuelga un poco más que el otro. Antes de la pubertad cada testículo es del tamaño de una canica, aproximadamente. Durante la pubertad cada testículo crece hasta alcanzar el tamaño de un huevo pequeño o una pelota muy pequeña. Por eso se les suele llamar "huevos" o "pelotas."

Testículos

HECHO CORPORAL: Las células sexuales masculinas se producen dentro de los testículos. A diferencia de las células sexuales femeninas, que existen al nacer, las células sexuales masculinas no se producen hasta que un niño alcanza la pubertad. La pubertad masculina es la época durante la cual el cuerpo de un niño comienza a transformarse en el de un joven. Puede llegar en cualquier momento entre los diez y los quince años. En ese momento, un joven comienza a producir células sexuales. Las células sexuales

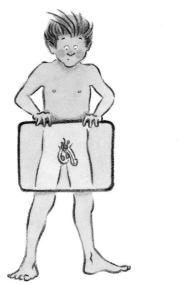

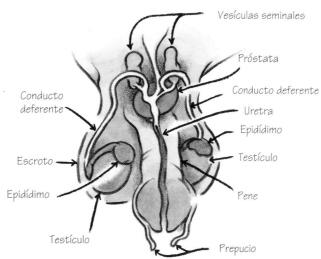

Vesículas seminales

Próstata

Conducto deferente

Uretra

Epidídimo

Testículo

Pene

Prepucio

Conducto deferente

Escroto

Epidídimo

Testículo

masculinas se llaman espermatozoides y los hombres las siguen produciendo hasta la vejez.

El epidídimo

Cada testículo está conectado a una pequeña estructura llamada epidídimo. Los espermatozoides atraviesan el epidídimo y crecen dentro de él, camino del conducto

Epidídimo

deferente. Cada epidídimo tiene la forma de un auricular telefónico, pero es mucho más pequeño.

HECHO CORPORAL: Cada epidídimo es un tubo delgado muy enrollado que, estirado, mediría unos veinte pies de largo.

Los conductos deferentes

Los conductos deferentes miden alrededor de pie y medio. Cada

uno de estos tubos largos, flexibles, estrechos y bastante rectos parten del epidídimo y llegan hasta la uretra. Los conductos deferentes son casi tan flexibles como los espaguetis cocidos.

Conducto deferente

HECHO CORPORAL: Los espermatozoides viajan desde cada uno de los testículos a través del epidídimo y los conductos deferentes.

Las vesículas seminales y la próstata

Las vesículas seminales y la próstata producen fluidos que se combinan con los espermatozoides, formando una mezcla llamada semen. *Semen* es una palabra latina que significa *semilla*. Después, los espermatozoides

viajan dentro del fluido hacia la uretra y a través de ella.

La uretra

La uretra es un tubo largo y estrecho que lleva la orina desde la vejiga, donde se almacena, y atraviesa el pene hasta el orificio del extremo. Es un pasadizo para la orina y el semen.

HECHO CORPORAL: La orina es un desecho líquido del cuerpo; un líquido sobrante de la comida y la bebida que el cuerpo no ha utilizado.

HECHO CORPORAL: El semen, que lleva los espermatozoides masculinos, abandona el cuerpo masculino por medio de chorros rápidos que salen del extremo del pene. Estos chorros se llaman eyaculación y sólo ocurren después de haberse iniciado la pubertad. El semen y la orina salen del mismo orificio en el extremo del pene. Cuando un varón eyacula, ciertos músculos se tensan para que la orina permanezca dentro de la vejiga y no salga a la vez que el semen.

9
Las palabras
Hablar de los cuerpos y del sexo

Los niños, los adolescentes y los adultos emplean toda clase de palabras para referirse a ciertas partes del cuerpo y al sexo. Algunas son palabras científicas. Otras no lo son: las palabras corrientes que las personas utilizan para hablar de los cuerpos y el sexo. Algunas son bonitas, otras son cómicas y otras groseras.

Hay un montón de palabras tontas para hablar del sexo y del cuerpo: como "tetas" y "pelotas".

Yo prefiero las palabras científicas.

Las palabras corrientes a veces se llaman palabras en jerga. Las palabras groseras e irrespetuosas acerca del sexo y las partes del cuerpo suelen llamarse "palabras sucias". Los chistes sobre el cuerpo y el sexo a veces se llaman "chistes de color subido".

Algunos consideran divertido usar palabras en jerga o sucias y hacer chistes sobre el cuerpo y el sexo. Otros se avergüenzan o se sienten incómodos al oírlas. Es importante respetar los sentimientos de los demás en cuanto al uso de las palabras en jerga o sucias y los chistes verdes, sean cuales sean esos sentimientos.

Tal vez las personas se sientan incómodas al hablar del sexo y del cuerpo porque no vemos las partes sexuales de nuestros cuerpos en la misma medida que vemos nuestros brazos, manos, piernas, dedos, orejas, ojos y narices. Después de todo, las partes sexuales de nuestros cuerpos están generalmente cubiertas por la ropa.

Algunas personas consideran que pensar y hablar o bromear acerca del cuerpo y del sexo está mal. Pero muchos creen que puede resultar tranquilizador y útil hablar de ello con alguien conocido y de confianza, como los padres, un amigo, un hermano o hermana mayor o un primo.

¿Has notado alguna vez que algunos adultos —no sólo los chicos y las chicas— tienen dificultades para hablar del sexo?

¡Sí! Se retuercen en sus sillas y dicen: "Bien, ejem..." un centenar de veces o se ríen nerviosamente.

El chiste

Si no "coges" el chiste, siempre puedes pedirle a alguien que te lo explique.

Tercera parte
La pubertad

10
Cambios y mensajes
Pubertad y hormonas

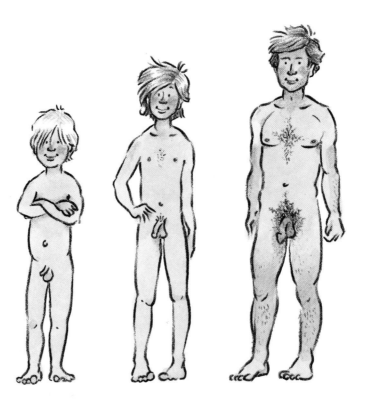

Nuestros cuerpos cambian desde el momento en que nacemos y siguen cambiando durante toda nuestra vida. Cambian porque todo lo que está vivo crece y cambia. Pero en algún momento entre los nueve y los quince años, los chicos y las chicas hacen algo más que crecer, como lo habían hecho desde el nacimiento.

Empiezan a convertirse en jóvenes.

Uno de los nombres con los que se designa este período de tiempo es *pubertad*. La palabra *pubertad* deriva de la palabra latina *pubertas*, que significa *adulto*. Cuando se emplea la palabra *pubertad*, en general se habla de todos los cambios físicos que tienen lugar en el cuerpo durante este período. La mayoría de estos cambios hacen que sea físicamente posible que un varón y una mujer hagan un bebé.

La otra palabra utilizada para describir el período entre la niñez y la edad adulta es *adolescencia*. La palabra *adolescencia* deriva de la palabra latina *adolescere*, que significa *hacerse adulto*. Cuando se emplea la palabra *adolescencia*, en general no sólo se habla de los cambios físicos que tienen lugar durante la pubertad, sino también de todas las ideas nuevas, sentimientos y responsabilidades que los niños tienen cuando se convierten en jóvenes adultos.

Aunque las palabras *adolescencia* y *pubertad* tienen significados ligeramente diferentes, las personas suelen utilizarlas indistintamente.

La pubertad, o adolescencia, es un período intermedio durante el cual una chica o un chico ya no son niños, pero tampoco son adultos.

Las chicas suelen entrar en la pubertad a los nueve, diez u once años de edad. Los chicos lo suelen hacer alrededor de un año más tarde, cuando tienen diez, once o doce años. Para la mayoría de los jóvenes, la pubertad tiene lugar durante varios años. En general, esta circunstancia les permite acostumbrarse a sus cuerpos adultos.

Los múltiples cambios que ocurren en nuestros cuerpos están provocados por las hormonas. Las hormonas son productos químicos que se producen en diversas partes de nuestro cuerpo. Viajan a través del torrente sanguíneo desde el lugar donde fueron producidas hasta otros lugares del cuerpo donde realizan su tarea.

La palabra *hormona* deriva de la palabra griega *hormon*, que significa poner en movimiento: hacer que algo comience a funcionar. Nuestro cuerpo tiene muchos tipos de hormonas.

Durante la pubertad, el cerebro comienza a producir unas hormonas especiales. Estas hormonas envían un mensaje a los órganos sexuales: los

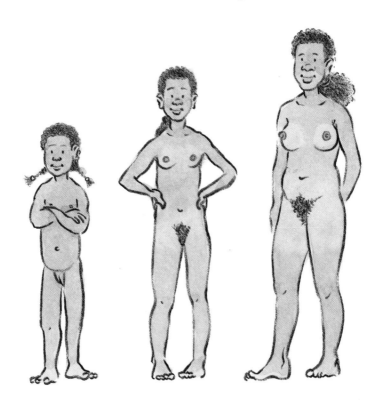

testículos de un chico o los ovarios de una chica, diciéndoles que empiecen a funcionar, es decir, a producir hormonas sexuales. En ese momento, las hormonas sexuales indican a los testículos que comiencen a producir

¡Espero no tener hormonas flotando en mi interior! Quiero que mi cuerpo siga exactamente igual que ahora. Me gusta como está.

Yo estoy preparado para un cambio.

espermatozoides y las hormonas sexuales del cuerpo femenino indican a los ovarios que liberen un óvulo.

Las hormonas sexuales son las que provocan los cambios que transforman los cuerpos de los niños y las niñas en cuerpos adultos. Sólo entonces los humanos son capaces de tener un bebé.

Una vez que las hormonas sexuales comienzan a funcionar, también empieza la pubertad. Algunas hormonas sexuales provocan cambios dentro y fuera de los órganos sexuales de los chicos y las chicas. Otras provocan cambios en todo el cuerpo. Las hormonas sexuales también pueden afectar a los sentimientos y los estados de ánimo de los chicos y las chicas.

En muchas culturas, religiones,

comunidades y familias se celebra el inicio de la pubertad con una fiesta o una ceremonia. Consideran la pubertad como una parte especial del hacerse adulto. Otras optan por dejar que un chico o una chica inicien la pubertad sin ninguna celebración o ceremonia. Consideran que la pubertad es sencillamente una parte normal y corriente del hacerse adulto.

¡Demos una fiesta para celebrar que nos hacemos adultos!

¡Ni hablar! Hacerme adulta es algo que sólo me concierne a mí.

11
Los viajes del óvulo
La pubertad femenina

"¡Empiecen a producir hormonas sexuales femeninas!" es uno de los mensajes que el cerebro femenino envía a los ovarios durante la pubertad. Y los ovarios obedecen. Comienzan a producir las hormonas llamadas estrógeno y progesterona. El estrógeno indica a los óvulos –que han estado dentro de los ovarios de la chica desde su nacimiento– que maduren. En

¡Mejor será que nadie me diga que empiece a hacerme adulto!

Ojalá alguien lo hiciera.

general, sólo madura un óvulo cada vez.

Cuando los óvulos han madurado, los ovarios hacen una cosa que nunca han hecho antes. Alrededor de una vez por mes comienzan a liberar un solo óvulo maduro. El tamaño de un óvulo es más o menos el de un grano de arena.

Los óvulos son células sexuales femeninas.

Los ovarios de una chica suelen comenzar a liberar óvulos durante la pubertad.

Liberarán alrededor de cuatrocientos o quinientos óvulos durante su vida. La liberación de un óvulo se llama ovulación. La palabra *ovulación* deriva de la palabra *ovum*, que significa *huevo*.

Más o menos el mismo día de cada mes, cuando los ovarios liberan un óvulo, éste es barrido por unas protuberancias diminutas parecidas a los dedos hacia el interior de una de las trompas de Falopio, donde comienza su viaje hacia el útero.

La trompa de Falopio es el sitio dónde un óvulo puede encontrarse con un espermatozoide y unirse a él. Cuando el óvulo se une a un espermatozoide, se convierten en el principio de una célula de un bebé. La unión de un óvulo y un espermatozoide se llama concepción o fertilización.

El óvulo fertilizado sigue su viaje a través de la trompa de Falopio hasta el útero, en el que la progesterona –la hormona sexual femenina– ha ayudado a formar un revestimiento blando preparado para recibirlo. Entonces el óvulo fertilizado se implanta en el revestimiento del útero. Este revestimiento blando, espeso y cómodo está compuesto por vasos sanguíneos suplementarios, tejido y otros fluidos y se forma para que el óvulo fertilizado disponga de un sitio sano para desarrollarse.

Si el óvulo ha sido fertilizado, se implantará en el útero y permanecerá allí –y se convertirá en un bebé–. Sin embargo, la mayoría de las veces el óvulo no se fertiliza. Si el óvulo no se une a un espermatozoide dentro de las veinticuatro o treinta y seis horas después de salir del ovario, no permanece dentro del útero y no se convertirá en un bebé.

En ese caso, el óvulo se descompone mientras está dentro del útero y se mezcla con una parte de la sangre y los otros fluidos que forman parte del revestimiento blando del útero. Ya que no hay un óvulo fertilizado que comienza a desarrollarse dentro del útero, este revestimiento suave no es necesario y se disuelve. Entonces sale del útero, atraviesa la vagina y sale del cuerpo en forma de un poco de sangre, otros fluidos y tejido. La

salida mensual del revestimiento del útero a través de la vagina se llama menstruación. La palabra *menstruación* proviene de la palabra latina *mensis*, que significa *mes*.

El período de tiempo comprendido entre el comienzo de una menstruación y la siguiente dura alrededor de un mes y se llama ciclo menstrual.

Las chicas suelen comenzar a menstruar cuando sus ovarios empiezan a liberar óvulos. En cuanto los ovarios de la chica han comenzado a liberar óvulos, puede quedar embarazada si tiene una relación sexual.

Algunas chicas pueden comenzar a liberar óvulos incluso antes de menstruar. Esto significa que es posible, aunque bastante poco frecuente, que una chica quede embarazada antes de haber empezado a menstruar. En general, las chicas comienzan a menstruar entre los once y los doce años. Pero algunas comienzan más pronto, a los nueve años, y otras más tarde, a los quince, y eso es perfectamente normal.

La primera vez que una chica menstrua, quizá tenga el temor de perder una gran cantidad de sangre. Pero en general la sangre surge despacio. En cada menstruación sólo sale entre unas cucharadas y un octavo de litro de sangre y tejido. Aunque la cantidad puede ser mayor o menor y eso también es perfectamente normal.

Este goteo continúa durante algunos días. Por eso la gente llama a la menstruación período menstrual o "tener el período". Otros la llaman "el mes" o "la regla". La menstruación es algo sano, sin importar cómo se denomine.

LOS VIAJES DEL ÓVULO: La menstruación

Cuando llega la pubertad, el cerebro indica a los ovarios que produzcan estrógeno, lo que indica a los óvulos que maduren.

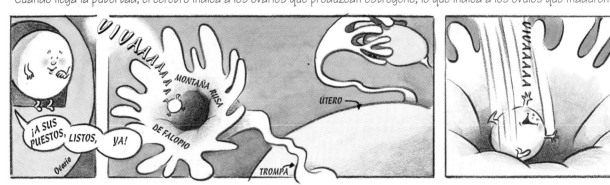

Y entonces, alrededor de una vez al mes, un óvulo sale del ovario y se lanza dentro de una trompa de Falopio

donde aguarda antes de viajar hasta el útero.

En el útero, el óvulo y el revestimiento se disuelven y desaparecen. El mes que viene…

El período dura entre tres y ocho días. Cuando una chica comienza a menstruar, puede tener períodos irregulares: unas veces cada pocas semanas, otras cada muchas. Resulta frecuente que el período de una chica tarde uno o dos años en volverse regular, alrededor de una vez al mes. Algunas mujeres y chicas tienen siempre períodos irregulares y eso también es perfectamente normal.

La mayoría de las chicas y las mujeres continúan con sus actividades normales durante la menstruación. Por ejemplo: se bañan y se duchan, nadan, hacen deporte, bailan y hacen lo que habitualmente les gusta hacer. Otras chicas y mujeres sufren calambres, que generalmente consisten en un dolor ligero y tenso alrededor de la zona del útero, antes y durante el período. La mayoría de los calambres son normales.

Cuando las chicas y las mujeres viajan, se dedican a practicar un deporte intenso, pierden o ganan mucho peso, se ponen nerviosas o enferman, sus períodos pueden volverse irregulares durante un tiempo. Y cuando una mujer queda embarazada sus períodos desaparecen hasta después del nacimiento del bebé.

Alrededor de los cincuenta años, el cuerpo de la mujer comienza a producir menos hormonas sexuales. El resultado es que sus ovarios dejan de liberar óvulos y cesa la menstruación. Este período de la vida de una mujer se llama menopausia: la menstruación se hace pausada y finalmente se detiene. Cuando una mujer deja de tener períodos menstruales ya no puede quedar embarazada. Durante el período, una chica o una mujer usa compresas higiénicas o tampones para absorber el flujo menstrual que surge de su vagina, para no mancharse los panties. Puede usar lo que le resulte más cómodo.

Higiénica significa *saludable*. Las compresas y los tampones están hechos de un material limpio, suave y parecido al algodón y absorben el flujo menstrual. Una compresa cabe dentro de los panties de una chica o mujer, justo delante del orificio vaginal. La mayoría de las compresas llevan un pequeño trozo de cinta adhesiva en un lado

Lugar en el que cabe una compresa

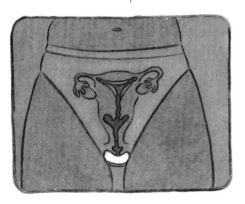

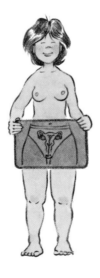

Lugar en el que cabe un tampón

Compresas

Tampones

que ayuda a fijarlas. Los tampones caben dentro de la vagina. Un tampón no puede meterse dentro del útero porque el cuello del útero es demasiado pequeño para dejarlo pasar.

Una manera de averiguar cuándo una chica tendrá su primer período es preguntando a su madre. Si su madre comenzó a menstruar temprano, es probable que ella también lo haga. Si su madre empezó más tarde, es probable que ella también.

Si hablas con alguien de la menstruación: tu madre, tu abuela, tu tía, una amiga o una prima mayor, eso puede ayudarte. Una chica puede averiguar muchas cosas útiles de alguien que ya menstrúa: qué se siente al menstruar, cómo debe prepararse para su primer período, dónde comprar compresas y tampones y cómo utilizarlos. Este tipo de información puede ayudar a una chica a prepararse para su primer período, tanto si le llega estando en casa, como con unos amigos o en el colegio. Podría llevar una compresa o un tampón en el bolso en el caso de que tenga el primer período fuera de casa.

Por muy preparada que esté, el primer período de una chica suele causarle una fuerte impresión. Algunas chicas lo consideran algo emocionante; en otras puede provocar un poco de miedo. Pero en cualquier caso, el comienzo de la menstruación es una parte perfectamente normal de hacerse adulta. Para la mayoría de las chicas, la menstruación es uno de los cambios más grandes de la pubertad.

12
Los viajes del espermatozoide
La pubertad masculina

"¡Comienza a producir testosterona, la hormona sexual masculina!" es uno de los mensajes que el cerebro de un chico envía a sus testículos durante la pubertad. Y los testículos lo hacen. Producen testosterona, lo que provoca el crecimiento y ciertos cambios en el cuerpo masculino.

Una de las cosas más importantes que hace la testosterona es indicar a los testículos que produzcan espermatozoides: una cosa que nunca antes habían hecho.

> Parece que la pubertad es una época ajetreada.

> ¡Ajetreada como una abeja!

Los espermatozoides son células sexuales masculinas. A diferencia de las chicas, los chicos no empiezan a producir espermatozoides hasta que alcanzan la pubertad. Sin embargo, en cuanto empieza la pubertad los testículos producen una cantidad fenomenal de espermatozoides:

entre cien y trescientos millones por día. O sea, de mil a tres mil espermatozoides por segundo.

El escroto protege los testículos, manteniéndolos a la temperatura correcta para producir espermatozoides: ni demasiado fríos ni demasiado calientes, sólo algunos grados por debajo de la temperatura del cuerpo. Si hace demasiado frío, el escroto se eleva y acerca los testículos al cuerpo para que estén lo bastante calientes como para producir esperma. Cuando un hombre o un chico nada en agua fría suele sentir que el escroto se tensa al elevar los testículos. Si hace demasiado calor, el escroto cuelga libremente, alejado del cuerpo y vuelve a mantener la temperatura correcta para que los testículos sigan produciendo esperma.

Después de producidos, los espermatozoides del testículo derecho atraviesan el epidídimo derecho, y los del izquierdo el epidídimo izquierdo. Mientras se desplazan, los espermatozoides se desarrollan lo bastante como para fertilizar –unirse con– un óvulo femenino.

Los espermatozoides atraviesan el conducto deferente y pasan junto a las vesículas seminales. Mientras

pasan, se mezclan con el fluido de las vesículas seminales y la próstata. Entonces, la mezcla de espermatozoides y fluido se denomina semen. El semen es pegajoso, turbio y blancuzco. Los productos químicos que contiene conservan la salud de los espermatozoides mientras se desplazan hasta la uretra, la atraviesan y salen por la punta del pene.

Los espermatozoides salen del cuerpo masculino cuando el varón eyacula semen. *Eyacular* significa *soltar de golpe*. En general, cuando

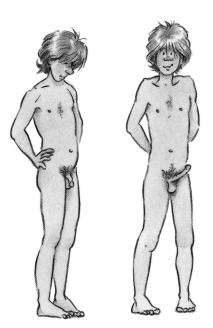

un varón eyacula, su pene está erecto.

Al llegar a la pubertad, el cerebro indica a los testículos que produzcan testosterona y espermatozoides.

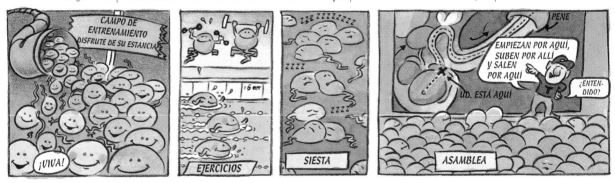

Los espermatozoides se desplazan hasta el epidídimo, donde maduran, atraviesan

el conducto deferente y pasan junto a las vesículas seminales y la próstata,

atraviesan la uretra y salen en chorro por el extremo del pene.

Esto es lo que ocurre dentro del cuerpo de un varón cuando tiene una erección: cuando su pene no está erecto, la sangre pasa a su interior y vuelve a derramarse al torrente sanguíneo de manera constante. Pero cuando tiene una erección, los músculos que permiten que la sangre entre y salga del pene se abren y dejan entrar más sangre, mientras que otros músculos se tensan y evitan que la sangre suplementaria salga del pene. Esto provoca que el tejido esponjoso dentro del pene se llene, lo que a su vez hace que el pene se ponga duro, erecto y sobresalga del cuerpo. Este rellenado se llama erección.

Cuando la erección se acaba, los músculos se relajan y permiten que la sangre vuelva a salir del pene y regrese al cuerpo; entonces el pene se vuelve blando.

Un varón puede tener una erección cuando su pene es tocado o frotado; cuando tiene ideas placenteras o ve a alguien que lo hace sentirse feliz, excitado o nervioso; cuando ve una película o un programa de televisión y hay algo que le excita; al pasar junto a alguien que le resulta atractivo o cuando sueña con algo agradable.

Es frecuente que los varones tengan una erección al despertarse. Si su vejiga –el lugar en el que se almacena la orina en su cuerpo– está llena, estimula algunos nervios que están en la base del pene que

provocan un mayor flujo de sangre hacia éste. Este tipo de erección tiene poco que ver con pensamientos o sentimientos *sexuales*.

Los varones suelen tener una erección antes y durante una relación sexual. La erección posibilita que el pene entre en la vagina. Algunos varones tienen erecciones por cualquier motivo, incluso cuando no desean tenerlas.

Las erecciones suelen durar algunos segundos, algunos minutos, media hora, o más. Los varones pueden tener una erección desde que son bebés hasta que son ancianos.

Esto es lo que ocurre dentro del cuerpo de un hombre cuando tiene una eyaculación: los músculos de

cada epidídimo, en cada conducto deferente y en las vesículas seminales, además de los músculos que rodean la próstata y el glande se tensan e impulsan el semen dentro de la uretra. El semen, que contiene los espermatozoides, atraviesa la uretra y sale por el extremo del pene en un chorro. Este chorro de semen, la eyaculación, provoca una sensación excitante llamada orgasmo.

Después de la eyaculación, el pene vuelve a ablandarse y ya no está erecto.

En cada eyaculación se expulsan entre doscientos y quinientos millones de espermatozoides: más o menos una cucharada de té de semen.

Los varones pueden tener –y tienen– erecciones sin eyacular semen. Cuando ocurre, la sangre abandona el pene con lentitud y regresa al torrente sanguíneo del cuerpo, la erección desaparece lentamente y el pene vuelve a ablandarse y cuelga hacia abajo como de costumbre. También es posible, aunque no ocurre con mucha frecuencia, que un varón eyacule sin tener una erección.

Los chicos comienzan a ser capaces de eyacular durante la pubertad, y lo siguen haciendo hasta bien entrada la vejez. La eyaculación suele ocurrir durante una relación sexual. También puede ocurrir con otros tocamientos u otro estímulo e incluso durante el sueño.

Los chicos suelen comenzar a tener "sueños húmedos" durante la pubertad. Los sueños húmedos ocurren mientras un chico está dormido cuando tiene un sueño

agradable, excitante, y derrama un poco de semen. Cuando el chico despierta, su pijama o las sábanas pueden estar mojadas y pegajosas a causa del semen eyaculado.

El término científico de sueño húmedo es *emisión nocturna*.

Nocturna significa que *ocurre por la noche*. *Emisión* significa *soltar*. Entre los chicos, los sueños húmedos son hechos corrientes y normales. Con frecuencia, la primera eyaculación de un chico ocurre durante un sueño.

Cuando un varón ha empezado a producir espermatozoides, basta que uno solo se una a un óvulo durante la relación sexual para que la chica quede embarazada y las dos células unidas se conviertan en un bebé.

Muchos chicos consideran que empezar a eyacular es uno de los cambios más grandes de la pubertad.

13
¡Todo junto, no!
El desarrollo y los cambios corporales

Durante la pubertad, las hormonas sexuales provocan otros cambios en los chicos y las chicas.

No todos estos cambios tienen lugar al mismo tiempo. La mayoría ocurre lentamente a lo largo de algunos años; algunos ocurren velozmente y es frecuente, pero no siempre ocurre, que tengan lugar en un orden bastante específico.

Chicas: cambios de la pubertad

- Los ovarios aumentan de tamaño gradualmente.
- El cuerpo suda más.
- El cuerpo sufre un repentino aumento de tamaño.
- El cuerpo aumenta de peso y de altura.
- Los brazos y las piernas se alargan.
- Las manos y los pies aumentan de tamaño.
- Los huesos de la cara aumentan de tamaño y de largo, y la cara adopta un aspecto menos infantil.
- Un vello suave y oscuro crece alrededor de la vulva y después se vuelve rizado, grueso y áspero.
- De la vagina puede surgir una pequeña cantidad de flujo pegajoso blancuzco-amarillento.

HECHO DE LA PUBERTAD: El flujo blancuzco-amarillento que puede surgir de la vagina es normal y ayuda a mantenerla sana.

- Las caderas se ensanchan. El cuerpo comienza a parecer más redondeado.

HECHO DE LA PUBERTAD: Las caderas de las chicas se ensanchan, de manera que si deciden tener un bebé en cierto momento, éste tenga espacio suficiente para abandonar el útero cuando está preparado para nacer.

- En las axilas crece el vello.
- El vello de las piernas y los brazos suele volverse más grueso, más largo y más visible.
- Los pechos y los pezones aumentan gradualmente de tamaño

y se vuelven más rellenos.

HECHO DE LA PUBERTAD: Los pechos de una chica se vuelven más grandes y rellenos, preparando su cuerpo para producir leche para alimentar a su bebé si decidiera tener uno.

- Los pezones pueden volverse más oscuros.
- Puede comenzar la menstruación.

HECHO DE LA PUBERTAD: Una vez que los ovarios han aumentado de tamaño, comienzan a liberar óvulos maduros y empieza la menstruación. A partir de entonces una chica puede quedar embarazada.

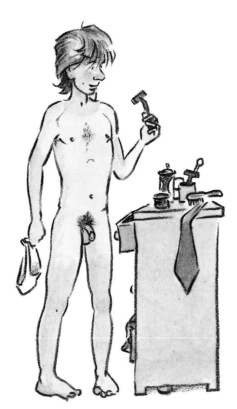

Chicos: cambios de la pubertad

- Los testículos aumentan gradualmente de tamaño y se vuelven más rellenos.
- El pene aumenta gradualmente de tamaño y de largo.
- El cuerpo suda más.
- El cabello y la piel se vuelven más grasosos.
- El cuerpo aumenta de tamaño.
- El cuerpo aumenta de peso y de altura.
- Los brazos y las piernas se hacen más largos.
- Las manos y los pies aumentan de tamaño.
- Los huesos de la cara aumentan de tamaño y ésta parece menos infantil.

- Alrededor de la base del pene aparece un vello suave y oscuro y después se vuelve rizado, grueso y áspero.
- En las axilas aparece el vello.
- Los hombros y el pecho aumentan de tamaño.
- Se desarrollan músculos más grandes.
- El color del escroto se oscurece.
- Comienza a crecer el bigote, la barba y las patillas.
- El vello de los brazos y las piernas suele volverse más espeso, más largo y más visible.
- El vello crece en el pecho.

HECHO DE LA PUBERTAD: A veces la zona que rodea los pezones de un chico se vuelve sensible, e incluso puede hincharse. Esto está provocado por las hormonas liberadas durante la pubertad. La sensibilidad y la hinchazón desaparecen después de algunos meses.

- La laringe aumenta de tamaño.
- La voz se quiebra y después se hace más profunda.
- La nuez puede hacerse más visible.

HECHO DE LA PUBERTAD: Cuando la voz de un chico comienza a quebrarse es posible que durante un instante suene aguda, después baja y después otra vez aguda, provocando un sonido chirriante y chillón. Pero después de un tiempo, la voz del chico se hace más profunda y más baja, porque la laringe y las cuerdas vocales han aumentado de tamaño. A medida que la laringe aumenta de tamaño, puede empujar la nuez hacia fuera y ésta se volverá más visible.

- Comienza la producción de espermatozoides.
- Comienzan las eyaculaciones e incluso los sueños húmedos.

HECHO DE LA PUBERTAD: Cuando un chico puede producir espermatozoides, si tiene una relación sexual y los ovarios de la chica han comenzado a liberar óvulos, ella puede quedar embarazada.

A esta edad, los cuerpos de los jóvenes cambian de un modo más llamativo y veloz que en cualquier otro momento de sus vidas, salvo durante el primer año.

Casi prefiero retroceder en el tiempo.

Yo estoy preparado para avanzar.

14
Más cambios
Cuidados corporales

Muchos de los cambios que tienen lugar durante la pubertad provocan variaciones en el funcionamiento de nuestro cuerpo. Esto significa que los jóvenes deben aprender nuevas maneras de cuidarse el cuerpo.

¡Qué bien! ¡Más cambios!

Dame un respiro.

Durante la pubertad, los chicos y las chicas producen más vello. El vello crece en las axilas. El vello de sus brazos y sus piernas se vuelve más grueso y más largo, especialmente el de los chicos.

También crece un vello llamado vello púbico: el de las chicas, alrededor de la vulva, el de los chicos alrededor de la base del pene, justo delante de un hueso llamado hueso púbico.

La cantidad de vello que crece en la cara, el pecho, los brazos y las piernas varía muchísimo, desde casi nada hasta mucho.

Durante la pubertad, algunos chicos y chicas comienzan a afeitarse. La mayoría de las veces es una decisión personal. Algunas jóvenes optan por afeitarse el vello que crece en sus axilas y sus piernas, y otras no lo hacen. Sin embargo, algunos grupos religiosos exigen que los jóvenes y los hombres que pertenecen a ellos no utilicen navaja ni tijeras para cortarse el cabello.

Durante la pubertad, las glándulas sudoríparas producen más sudor que antes. Tanto las chicas como los chicos comienzan a sudar en las axilas y desarrollan un olor corporal diferente; éste a veces se produce en las axilas, en los pies, y otras en todo el cuerpo.

Esa es una de las razones por la que los jóvenes se bañan o se duchan mucho y se lavan el cabello y el cuerpo con mucha frecuencia. Este nuevo tipo de sudor suele ser uno de los primeros indicios del comienzo de la pubertad. Lavarse con jabón y usar un desodorante ayudará a deshacerse de la mayoría de los olores corporales intensos.

Algunos jóvenes sudan mucho, otros muy poco. Es probable que produzcan la misma cantidad de sudor que su padre o su madre cuando éstos alcanzaron la pubertad.

Durante la pubertad, el cabello de algunos jóvenes se vuelve graso. También suele aparecer grasa en la nariz y la frente.

Durante la pubertad a la mayoría de los chicos y las chicas les crecen granos en la cara: sobre todo en la nariz y la frente. A veces aparecen en el pecho y la espalda.

Aunque lavarse con agua y jabón diariamente es una buena manera de cuidarse la piel, a veces no resulta suficiente. Las cremas, las lociones y la medicación pueden ayudar a controlar los granos. Se pueden comprar en la farmacia sin receta; otros deben ser recetados por un médico y después comprados en la farmacia.

Aunque es cierto que a nadie le agradan los granos, tenerlos es perfectamente normal. Los

jóvenes tienen granos, el cabello graso y sudan más durante la pubertad porque sus glándulas grasas y sudoríparas están más activas que nunca.

La pubertad es la época en la que muchas chicas, si así lo deciden, optan por llevar un sostén. Al ir a comprar su primer sostén, muchas chicas se hacen acompañar por su madre, su abuela, su hermana mayor, su tía o una amiga.

No es necesario llevar sostén para que los pechos se conserven sanos. Las chicas y las mujeres que los llevan lo hacen porque les resulta más cómodo. Algunas llevan sostén cuando hacen ejercicio, otras lo llevan todo el tiempo, salvo cuando duermen. Una chica o una mujer siempre puede encontrar un sostén que le vaya bien, sin que importe el tamaño de sus pechos. Los sostenes tienen copas de tamaños diferentes con el fin de acomodarse a diferentes tamaños de pechos. Algunas chicas y mujeres nunca llevan sostén.

Cuando practican algún deporte, muchos chicos y hombres

llevan un suspensorio. Éste cubre los testículos y el pene, manteniéndolos en su sitio y protegiéndolos de magulladuras y lesiones. Al practicar algunos deportes de contacto, como el *hockey* o el *soccer*, un varón puede colocarse una copa de plástico, llamada caja atlética, dentro de la parte delantera de su suspensorio para proporcionar una protección aún mayor a su pene y testículos. Las cajas también vienen en diversas medidas.

Los cuerpos de las chicas y los chicos cambian de tantas maneras

durante la pubertad que a veces cuidarlos es un rollo. No obstante, comer alimentos sanos, hacer ejercicio y mantenerse en forma, estar limpio y dormir lo bastante pueden ayudar a que un chico y una chica se sientan sanos y estén contentos con todos estos desarrollos y cambios que ocurren.

15
Adelante, atrás, arriba y abajo
Sentimientos nuevos y cambiantes

Los múltiples cambios que tienen lugar en los cuerpos de los jóvenes suelen estar acompañados por sentimientos nuevos e intensos acerca del aspecto, la sensación y la manera de actuar de sus cuerpos, y por sentimientos nuevos e intensos acerca de hacerse adultos y el sexo.

Para muchos jóvenes, estos cambios resultan estimulantes y se sienten bien dentro de sus cuerpos, y otros muchos los encuentran abrumadores y se sienten tímidos o avergonzados. La mayoría de los jóvenes, en uno u otro momento de la pubertad, sienten confusión, incomodidad y hasta temor frente a estos cambios importantes y a veces rápidos.

¡Basta de hablar de cambios!

¿Y qué? Tu cuerpo será el mismo.

Pero apuesto a que a veces no lo parecerá.

Los chicos y las chicas suelen hacerse preguntas acerca del tamaño de las partes individuales de su cuerpo. La verdad es que –pequeñas, medianas o grandes– el tamaño de las partes del cuerpo no tiene ninguna relación con su buen funcionamiento.

También es cierto que los cuerpos distintos se desarrollan de maneras distintas. A algunas chicas les crecen pechos pequeños, a otras pechos medianos y a otras pechos grandes. A algunos chicos les crecen penes pequeños, a otros medianos y a otros grandes. Los pechos y los penes vienen en toda clase de tamaños.

Una chica que desarrolla pechos pequeños puede parecerse a su madre, abuela o algún otro pariente femenino. Y un chico que desarrolla poco vello corporal puede parecerse a su padre, abuelo u otro pariente varón. En la mayoría de los casos, el tamaño de cualquier parte del cuerpo se hereda de la familia.

La edad en la que comienza la pubertad en una chica o un chico suele ser la misma que la de algún miembro familiar cercano del

mismo sexo. Podrías preguntar a tu madre, tu padre u otros miembros de la familia cómo fue su pubertad y cuándo comenzaron a atravesarla. Eso podría darte alguna pista sobre tu propio desarrollo.

Los jóvenes suelen preguntarse si tiene importancia que sus cuerpos atraviesen la pubertad lenta o rápidamente, antes o después. El momento en que cambia tu cuerpo, o con qué rapidez o lentitud lo hace, no tiene ninguna relación con su aspecto y comportamiento posterior.

Es difícil florecer temprano... o tarde

Sólo quiero que las flores florezcan. El momento no me importa.

Incluso así, entre tus amigos/as o en tu clase, puede ser difícil ser la primera o la última chica que menstrúa, o el primero o el último chico cuya voz cambia; la primera o la última chica en llevar un sostén; el primero o el último chico en afeitarse, ser el chico o la chica más baja un año y el más alto o la más alta el siguiente.

Desafortunadamente, los chicos y las chicas se burlan del aspecto y del desarrollo de sus respectivos cuerpos durante la pubertad. Los brazos, las manos, las piernas y los pies de un joven pueden aumentar de tamaño antes de que su cuerpo le dé alcance. La voz de un chico puede cambiar justo en el medio de una oración, o una chica le puede crecer un grano grande en medio de la frente justo antes de una fiesta. Estas suelen ser las cosas de las que se burlan los jóvenes durante la pubertad.

Muchos jóvenes sienten preocupación frente a sus amistades durante la pubertad, probablemente porque es el momento en el que se suele empezar a tener novios o novias. Uno de tus amigos, incluso tu mejor amigo, puede empezar a sentirse atraído sexualmente por otros, mientras que a tí no te interesa en absoluto. Uno de tus amigos o amigas puede empezar a tener un novio o una novia o tú puedes tener un novio o una novia y tu mejor amigo o amiga no.

A veces los jóvenes se afligen o sienten celos cuando un amigo se echa novio y empieza a pasar más tiempo con él. Aunque muchas amistades antiguas continúan siendo fuertes durante la pubertad, algunas cambian. Los novios y las novias también son objeto de burla durante la pubertad.

Con todas las cosas diferentes que les ocurren a sus cuerpos durante la pubertad, no tiene nada de raro que los chicos y las chicas tengan tantos sentimientos diferentes. Suelen estar malhumorados o meditabundos e incluso llorar más que de costumbre. Y sus estados de ánimo pueden variar con rapidez. Un chico o una chica puede reír y, un momento después, llorar.

Estos sentimientos diferentes suelen aumentar y disminuir e ir de un extremo a otro, al igual que un yo-yo. El aumento de actividad de las hormonas sexuales es uno de los muchos factores que provocan los cambios de humor en los jóvenes, además de unos sentimientos nuevos e intensos.

A medida que los cuerpos de los chicos y las chicas se convierten en cuerpos adultos, los jóvenes no siempre están seguros de estar preparados para convertirse en adultos. En ocasiones quieren ser tratados como adultos. Otras veces quieren que se los trate como niños. El cambio de niño a adulto tiene sus momentos difíciles. Pero antes o después, los jóvenes se acostumbran, se sienten cómodos y están contentos con sus cuerpos más adultos.

Cuanto antes cambie, mejor.

Cuanto más tarde, mejor.

16
Perfectamente normal
La masturbación

Durante la pubertad, cuando las hormonas sexuales provocan una actividad mayor en los órganos sexuales de los chicos y las chicas, muchos adolescentes empiezan a tener sensaciones más placenteras y estimulantes en sus propios cuerpos, y también pueden sentir una atracción y un interés mayor por el cuerpo de los demás.

Estas sensaciones a veces se llaman "sensaciones sexuales". Aunque son difíciles de describir, se trata de sensaciones normales. Ocurren en momentos y maneras diferentes, según la persona.

Los chicos y las chicas, también los adolescentes y los adultos, tienen sensaciones sexuales cuando se masturban. La masturbación consiste en tocar o frotar cualquiera de los órganos sexuales por placer: porque es agradable. Una expresión habitual que significa masturbarse es "jugar con uno mismo".

Algunos creen que la masturbación está mal y es dañina y algunas religiones la consideran un pecado. Pero la masturbación no puede hacerte daño. Muchos adolescentes se masturban y otros no lo hacen. Que lo hagas o lo dejes de hacer depende de ti. Masturbarse es perfectamente normal.

Cuando uno se masturba, suele frotarse los órganos genitales con la mano o con algo blando, como una almohada. Una chica suele frotarse el clítoris, un chico suele frotarse el pene. Tanto el clítoris como el pene son sensibles al tacto.

Mientras se masturba, uno puede tener una sensación cálida, agradable, hormigueante y excitante en todo el cuerpo. Esta sensación puede volverse cada vez más intensa hasta que alcanza un

Mas-tur-bar-se. He oído hablar de eso.

Es otra palabra grande. Nada más.

clímax. En ese momento, un varón puede eyacular; una mujer puede sentir unas sensaciones intensas y excitantes alrededor de la vulva o en todo el cuerpo. También puede sentir cierta humedad en la vagina.

Tanto para los hombres como para las mujeres, esto se llama tener un orgasmo. Algunos lo llaman "venirse". Después de tener un orgasmo, uno suele sentirse muy contento y relajado.

Cuando las personas se masturban o tienen una relación sexual suelen tener un orgasmo, pero no siempre. Tanto las chicas como los chicos pueden tener un orgasmo durante un sueño. Algunas veces se puede tener un orgasmo y otras no. No todos tienen orgasmos.

Es frecuente que durante la masturbación se tengan fantasías acerca de algo o alguien alegre o feliz o agradable o sensual. Algunos se excitan sexualmente sin masturbarse, sólo con mirar imágenes sensuales o soñando o fantaseando con algo placentero.

Las personas de todas las edades se masturban: los bebés, los niños, los adolescentes, los adultos y los ancianos. Las chicas y los chicos suelen comenzar a masturbarse durante la pubertad, pero muchos comienzan antes.

De momento he oído bastante acerca del sexo.

Yo no.

Cuarta parte
Familias y bebés

17
Toda clase de familias
Cuidados de bebés y niños

Los bebés y los niños se crían en toda clase de familias. Hay niños cuyos padres viven juntos o cuyos padres viven separados o que tienen uno solo o cuyos padres los han adoptado o que viven con un padre/madre y una madrastra/padrastro o que viven con una abuela, un abuelo, una tía, un tío u otro pariente o que tienen padres que son gay o lesbianas o que tienen padres sustitutos.

Los abuelos, los primos y los tíos también forman parte de la familia, y algunos consideran a sus

50 SEXO... ¿Qué es?

amigos íntimos como parte de la familia. La mayoría de los niños reciben cariño y cuidados de los miembros de la familia y de los amigos.

Mi familia ha abandonado el nido.

Mi familia permanece unida en la colmena.

Traer un niño al mundo es un acontecimiento importante y estimulante. Transformarse en padre es uno de los cambios más grandes que pueden ocurrirle a

alguien. Conlleva toda clase de responsabilidades nuevas y diferentes.

Estas responsabilidades incluyen cuidarse y también cuidar del bebé y de la familia. Por eso la decisión relativa a cuándo formar una familia es tan importante. Aunque resulta físicamente posible que un chico y una chica tengan un bebé cuando la chica ha comenzado a menstruar (y, en algunos casos poco comunes, antes) y el chico a producir espermatozoides, tiene mucho sentido esperar hasta estar preparados y tener la edad suficiente como para hacerse cargo de estas responsabilidades importantes.

Cuando la persona es muy joven puede ser difícil tener un bebé. Los bebés de las niñas y las

adolescentes suelen nacer con muy poco peso incluso después de pasar nueve meses dentro del útero. Los bebés faltos de peso suelen tener problemas al nacer y también más adelante.

Los bebés son bonitos. Algo adorable: tan suaves y mimosos.

Pero tú no tienes que cuidarlo todo el día, toda la noche, día tras día, alimentarlo, bañarlo, observarlo, jugar con él, vestirlo y desvestirlo, cambiarle los pañales...

Me doy por enterado.

Para los padres que aún son adolescentes o niños suele resultar difícil cuidar a un bebé. Los jóvenes que tienen un bebé suelen perder la libertad de hacer lo que les viene en gana. Es difícil salir con amigos y hacer las tareas del hogar cuando hay un bebé. Los bebés requieren mucha atención, día tras día, todos los días y todas las noches.

Con frecuencia, los adolescentes que tienen un bebé se ven obligados a abandonar el colegio porque necesitan trabajar. La ropa, los alimentos y las medicinas para los bebés cuestan mucho dinero. En general, para los adolescentes resulta difícil obtener un empleo para pagar todas estas cosas y cuesta mucho dinero pagarle a otra persona para que cuide del bebé mientras los padres van a clase o trabajan.

Los bebés son muy especiales y la mayoría de los padres aman a sus bebés. Pero en general para los jóvenes resulta más fácil y más sano esperar hasta ser mayor para tener un bebé. Esto proporciona tanto al bebé como a los padres una posibilidad mayor de tener un buen comienzo.

18
Instrucciones proporcionadas por mamá y papá
La célula: los genes y los cromosomas

Todos los seres vivos comienzan siendo una única célula. Cuando dos células sexuales –un óvulo y un espermatozoide– se unen en una única célula, llevan toda la información necesaria para hacer un nuevo bebé, un nuevo ser humano. Esta información está almacenada en más de cien mil genes en el centro de la célula.

Algunos científicos describen los genes de las personas como pequeños paquetes de instrucciones. Tu paquete de instrucciones –tus genes– ayudó a decidir toda clase de cosas sobre ti: si eres macho o hembra, el color de tus ojos, la forma de tus orejas, el tipo y el color de tu cabello y el color de tu piel.

Recibes los genes de tus padres y, a través de ellos, de sus padres, y a través de estos últimos de las

generaciones anteriores de ambas ramas de tu familia. Y transmitirás muchos de tus genes a tus hijos y nietos.

Los genes están compuestos por el ADN: un nombre corto para un producto químico llamado ácido desoxirribonucleico. Los genes aparecen a lo largo de unos cordeles largos de ADN parecidos a hilos llamados cromosomas. Un gen es un trozo diminuto de cromosoma. Un cromosoma es la parte de cada célula que lleva los genes de las personas. Puedes imaginarte un cromosoma como un collar de cuentas, en el que cada cuenta es un gen.

Un cromosoma

Las células del cuerpo humano suelen tener cuarenta y seis cromosomas. Pero cada óvulo y

cada espermatozoide sólo llevan veintitrés cromosomas. Si un óvulo y un espermatozoide se unen, la célula única combinada contiene cuarenta y seis cromosomas.

Eso significa que la mitad de tus cromosomas, además de la mitad de tu ADN, provienen de tu madre, y la otra mitad de tu padre. Has recibido una combinación de genes de ambos. Por eso –aunque no eres una copia exacta de ninguno de los dos– es probable que te parezcas a ellos en algunas cosas.

Si dos óvulos salen del ovario al mismo tiempo y cada óvulo es fertilizado por un espermatozoide distinto, comienzan a formarse

gemelos no idénticos. Ya que éstos no tienen los mismos genes, no son idénticos y pueden ser del mismo sexo o de sexos opuestos.

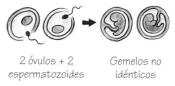

2 óvulos + 2   Gemelos no
espermatozoides   idénticos

Si un único óvulo se divide después de fertilizado, comienzan a formarse gemelos idénticos. Ya que los gemelos idénticos tienen los mismos genes, siempre pertenecen al mismo sexo y su aspecto es casi idéntico.

1 óvulo + 1   Gemelos
espermatozoide   idénticos

Cuando dos o más bebés nacen al mismo tiempo –gemelos, trillizos, etc.– a eso se le llama parto múltiple.

Salvo que seas un gemelo idéntico, no eres una copia genética exacta de tu hermano o tu hermana, porque cada bebé nuevo se forma a partir de un óvulo y un espermatozoide diferente. Cada espermatozoide y cada óvulo llevan una combinación diferente de genes. Por eso puedes ser un poco diferente o muy diferente de tu hermana o hermano.

Los científicos han descubierto que el sexo de una persona –masculino o femenino– se determina en el instante que un óvulo y un espermatozoide se unen.

Entre los veintitrés cromosomas que contiene cada óvulo y cada espermatozoide hay un cromosoma sexual. Hay dos tipos de cromosomas sexuales: el X y el Y.

Todos los óvulos tienen un cromosoma X y todos los espermatozoides tienen un cromosoma X o uno Y. Si un óvulo resulta fertilizado por un espermatozoide con un cromosoma Y, la célula única formada se transformará en un bebé masculino: XY. Si un óvulo resulta fertilizado por un espermatozoide con un cromosoma X, la célula única formada se transformará en un bebé femenino: XX.

Lo que determina si eres macho o hembra depende de qué cromosoma, X o Y, estaba en el espermatozoide de tu padre que fertilizó el óvulo de tu madre.

Los genes que hay dentro de tu cuerpo llevan mucha información y determinan muchas cosas –pero no todas– acerca de ti. Dónde y cómo te criaron, la clase de alimentos que comes y el tipo de ejercicio que haces, además de las personas que te rodean y los hechos que ocurren mientras creces también ayudan a formarte. Por eso no hay dos personas en el mundo, ni siquiera los mellizos idénticos, que sean exactamente iguales. Cada uno de nosotros es único.

Sabía que mis "mates" me serían útiles. Escucha:
X+Y= bebé niño
X+X= bebé niña

Estoy impresionado.

Soy único.

¡Gracias a Dios!

19
Cosas compartidas
Besarse, tocarse y relaciones sexuales

Las relaciones sexuales –o "hacer el amor", como se dice con frecuencia–, es cuando dos personas comparten algo. Si un espermatozoide se une a un óvulo inmediatamente después de una relación sexual, puede significar el principio de un nuevo ser humano: un bebé.

Tocarse, acariciarse, besarse y abrazarse, son una manera diferente de compartir, que puede provocar sentimientos de intimidad, amor y excitación entre dos personas. Las personas pueden –y en efecto, así ocurre– excitarse sexualmente sin tener una relación sexual. La opción de esperar a tener relaciones sexuales hasta que

uno es mayor o se siente más responsable se llama *postergación*. La opción de no tener relaciones sexuales se llama *abstinencia*.

Cuando dos personas sienten que son demasiado jóvenes para tener relaciones sexuales, no se

conocen lo suficiente o no quieren tener relaciones sexuales por cualquier otra razón, pueden decidir que se limitarán a cogerse de las manos, acariciarse, bailar juntos o besarse.

Compartir cosas con otra

persona a la que se quiere siempre significa respetar los deseos y los sentimientos de la otra persona, incluyendo el respeto a negarse a mantener cualquier tipo de actividad sexual, en cualquier momento y por la razón que sea.

> ¿Pero por qué no?

> Porque he dicho que no.

El principio de una relación sexual suele consistir en que dos personas se tocan, se acarician, se besan y se abrazan.

Al cabo de un rato, la vagina de la mujer se vuelve húmeda y resbaladiza, su clítoris se pone duro y el pene del hombre se vuelve erecto, rígido y más grande. A veces surge un poco de fluido del extremo de su pene que puede contener algunos espermatozoides y lo humedece. La mujer y el hombre comienzan a sentirse excitados.

Ahora el pene erecto del hombre puede penetrar en la vagina de la mujer, que se estira y se adapta al pene. La humedad de la vagina facilita la entrada del pene.

pene dentro de la vagina comienza a ser muy agradable. La mujer y el hombre pueden besarse, abrazarse y tocarse incluso mientras todo esto está ocurriendo y sentirse cada vez más excitados.

Cuando estas sensaciones alcanzan un clímax, el semen es eyaculado desde el extremo del pene y penetra en la vagina y los músculos del útero y de la vagina se tensan y, finalmente, se relajan. Puede salir una pequeña cantidad de fluido de la vagina. Esto se llama "tener un orgasmo".

Una mujer y un hombre pueden tener un orgasmo en momentos diferentes. Y a veces una persona tiene un orgasmo y la otra no. Después de tener un orgasmo, la mayoría se siente relajada, contenta e incluso un poco soñolienta.

> Todo esto suena muy excitante.

> Suena repugnante y sucio. No quiero oír nada más al respecto.

Durante la relación sexual, al tiempo que el hombre y la mujer se mueven rítmicamente hacia delante y hacia atrás, el movimiento del

Cada vez que una pareja tiene una relación sexual puede tener un bebé, salvo que la mujer ya esté embarazada.

Las personas tienen un montón de ideas equivocadas acerca de cómo una chica o una mujer puede o no quedar embarazada. Es importante saber que una chica o una mujer puede quedar embarazada incluso si tiene una relación sexual de pie; incluso si es la primera vez que tiene una relación sexual; incluso si sólo ha tenido una relación sexual anterior; incluso si cree o siente que está menstruando; incluso si no tiene un orgasmo.

Una chica o una mujer puede quedar embarazada incluso si el chico o el hombre se retira antes de eyacular. Si se eyacula espermatozoides cerca del orificio de la vagina –o incluso si sólo algunos espermatozoides salen antes de la eyaculación– éstos pueden nadar hacia arriba a través de la vagina y unirse con un óvulo.

Esto puede ocurrir incluso cuando un hombre y una mujer no tienen una relación sexual, pero él eyacula cerca del orificio de la vagina.

Sin embargo, si una pareja decide tener relaciones sexuales hay maneras –llamadas anticonceptivas– que pueden ayudarles a evitar que tengan un bebé.

Y una pareja puede ayudar a protegerse mutuamente de las infecciones que se transmiten por contacto sexual usando correctamente un condón cada vez que tienen una relación sexual. Es una de las maneras de practicar un "sexo más seguro".

20
Antes del nacimiento
El embarazo

La palabra *preñada* (embarazada) proviene de dos palabras en latín: *prae*, que significa antes y *gnas*, que significa nacimiento.

El embarazo es el período antes del nacimiento durante el cual un óvulo fertilizado se implanta en el revestimiento del útero, crece dentro de éste y finalmente se convierte en un bebé. La unión de un espermatozoide y un óvulo se llama concepción o fecundación.

Los científicos han descubierto exactamente cómo comienza un embarazo observando cómo se desplazan los espermatozoides, cómo se encuentran y finalmente se unen a un óvulo.

Los espermatozoides vivos son grandes viajeros, y es maravilloso observarlos bajo un microscopio. Es posible ver sus colas moviéndose con velocidad.

Parecen renacuajos nadando y viajan como los bancos de peces: en grandes grupos de alrededor de quinientos millones.

Cuando los espermatozoides son eyaculados dentro de la vagina de una mujer durante la relación sexual, nadan hacia arriba por la vagina, atraviesan el cuello del útero y entran en las trompas de Falopio. Si un óvulo ha sido liberado y barrido dentro de una de las trompas de Falopio, un espermatozoide puede unirse a él y fertilizarlo y la mujer puede quedar embarazada.

Sólo unos doscientos espermatozoides entre los quinientos millones de una eyaculación logran acercarse a un óvulo.

Los científicos han demostrado que un producto químico del fluido que rodea al óvulo atrae a ciertos espermatozoides, informándoles que el óvulo está preparado, y permite que sólo uno de los doscientos espermatozoides penetre en el óvulo. Una vez que el espermatozoide ha penetrado en el óvulo, los demás son incapaces de hacerlo y se produce la fecundación.

Cuando un óvulo se une a un espermatozoide se convierte en una única célula: la primera célula de un bebé. Un óvulo fecundado se llama cigoto desde la concepción y durante los días siguientes mientras viaja hasta el útero; durante los dos meses siguientes –mientras se desarrolla en el útero– se llama embrión, y durante el resto del embarazo –y hasta que el bebé nace– se llama feto. Algunas personas llaman al feto "bebé que se desarrolla".

El óvulo fertilizado tarda unos cinco días en atravesar la trompa de Falopio y alcanzar el útero mientras se divide una y otra vez. Dentro del útero se implanta en su revestimiento, donde crecerá y se desarrollará, convirtiéndose en un bebé. El útero también se llama "matriz".

Mientras está dentro del útero, un óvulo fertilizado sigue dividiéndose millones y millones de

MÁS AVENTURAS DEL ÓVULO Y EL ESPERMATOZOIDE: El embarazo

Cada óvulo espera a ser fecundado por un espermatozoide dentro de la trompa de Falopio.

Los espermatozoides abandonan el pene y nadan a través de la vagina, penetran en el útero,

y entran en la trompa de Falopio, donde puede haber un óvulo esperando para unirse a un espermatozoide.

Si un espermatozoide penetra en el óvulo, se convierten en una única célula y el embarazo puede comenzar.

Desde el cigoto hasta el bebé: 9 meses

cigoto: día 1

embrión: primer mes

feto: tercer mes

feto: cuarto mes

bebé a punto de nacer: noveno mes

veces con el fin de producir millones y millones de células nuevas. Finalmente, después de nueve meses, estas células se

> Me pregunto cuánto tarda una célula de abeja en convertirse en abeja.

> 21 días.

> Una célula de pájaro, dependiendo del tamaño de sus células, tarda de 10 a 74 días.

> Por el tamaño de tu cerebro de pájaro... diría que unos 10 días.

convierten en una persona nueva completa: un bebé.

En el útero se forma un saco lleno de un fluido acuoso alrededor del bebé que se desarrolla y lo protege de golpes y sacudidas. El saco se llama saco amniótico o "las aguas", y el fluido se llama líquido amniótico. Este líquido está caliente

y mantiene caliente al bebé mientras éste flota.

Muchos niños e incluso algunos adultos creen que el bebé en desarrollo crece dentro del estómago de la madre. No crece en el estómago. Crece en el útero. El

> Bien. Así que el bebé no crece en el sitio donde van a parar la hamburguesa y el ketchup.

> Gracias a Dios.

útero aumenta de tamaño junto al bebé.

Cuando el embrión se fija a la parte interior del útero, dentro de éste se forma un órgano especial llamado placenta.

Durante el embarazo, la placenta proporciona –primero al embrión y después al feto– oxígeno

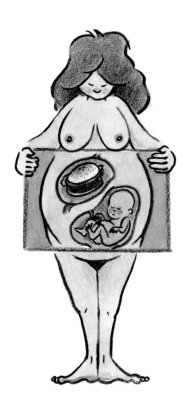

del aire que la madre respira y nutrientes de los alimentos que ella consume.

Los nutrientes se componen de vitaminas, proteínas, grasas, azúcares, hidratos de carbono y agua: todas las cosas necesarias para que el feto se convierta en un bebé sano.

El cordón umbilical –un tubo blando y flexible– conecta la placenta con el feto a través de su ombligo.

El oxígeno y los nutrientes pasan de la placenta al feto a través de la sangre que fluye por el cordón umbilical. El oxígeno y los nutrientes, además de otras sustancias provenientes de la madre, pasan de su sangre a la sangre del feto.

Los desechos del feto: los líquidos y los sólidos sobrantes de los nutrientes que el feto no consume, vuelven a atravesar el cordón umbilical en sentido contrario y pasan a la sangre de la madre. Los desechos del feto abandonan el cuerpo de la madre junto a los de ella.

Las medicinas, las drogas y el alcohol también pueden pasar de la

sangre de la madre a las del feto. Por eso una mujer embarazada debe tener mucho cuidado con lo que come, bebe e introduce en su cuerpo. Si tiene que tomar una medicina recetada, debe consultar a su médico o enfermera para asegurarse de que la medicina no dañará al feto.

Si una madre embarazada ha abusado de las drogas, consumido alcohol, fumado cigarrillos, no ha comido alimentos sanos o ha tenido ciertas infecciones durante el embarazo, su bebé podría nacer con problemas serios de salud o desarrollarlos. Podría tener dificultades para comer, respirar y crecer correctamente. Y si la embarazada es adicta a las drogas, su bebé puede nacer adicto.

Sin embargo, si la madre se cuida como es debido –se hace examinar con regularidad por un médico o una enfermera, come alimentos sanos, hace el suficiente ejercicio y duerme lo bastante– su bebé tendrá la mejor oportunidad de nacer sano.

21
¡Qué viaje!
El parto

El nacimiento de un bebé casi siempre es un acontecimiento sano y alegre. Una mujer embarazada sabe que su bebé está preparado para nacer cuando siente que los músculos de su útero se tensan y se relajan una y otra vez, muchas veces seguidas.

Lo que ocurre es que los músculos de la mujer comienzan a empujar al bebé fuera del útero. Toda estas tensiones y apretujones se llaman parto.

Generalmente, cuando empieza el parto, la embarazada se dirige a un hospital, salvo que haya decidido parir en casa con la ayuda de un médico y de una comadrona. Una comadrona es una mujer especialmente entrenada para ayudar en un parto, que no es médico, pero puede ser una enfermera. Las enfermeras, los padres y a veces otros miembros de la familia y amigos también pueden ayudar a la madre durante el parto. El parto puede durar una hora o más de un día.

Después de que haya comenzado el parto, y a veces antes, el saco amniótico –las aguas– se rompen y comienza a salir el líquido. Este puede ser otro indicio de que el bebé está por nacer.

En el parto, el bebé sale del útero por el cuello del útero que se ha abierto y distendido durante la dilatación, y entra en la vagina. Ésta se estira cuando el bebé pasa a través de ella y sale del cuerpo de la madre. Se suele llamar "canal del parto" a la vagina, porque "canal" es una palabra que también significa *pasillo*.

¡Qué viaje!

Nacer debe ser igual que deslizarse por un tobogán acuático.

En la mayoría de los partos, lo primero que sale es la cabeza del bebé. Se elimina el líquido que pueda haber en su nariz o su boca para que pueda respirar por sí solo. Después sale el resto de su cuerpo. El médico, la partera o el padre suelen sostener el bebé recién nacido mientras está saliendo. Esto se denomina parto vaginal.

A algunos bebés hay que sacarlos con suavidad por medio de unas tenazas llamadas fórceps. Esto se llama parto de fórceps. Y algunos bebés salen del útero y la vagina con los pies hacia adelante. Esto se llama parto de nalgas.

Hay algunos bebés que son demasiado grandes para atravesar la vagina, o están en una posición que dificulta su salida a través del útero y la vagina por su propia cuenta.

Cuando llegué, salí zumbando.

Yo me abrí paso picoteando.

Si el bebé es demasiado grande o está en una posición incómoda, el médico practica un corte transversal en la piel de la madre –después de eliminar las sensaciones con un producto especial llamado anestesia– llegando hasta el útero, y extrae el bebé y la placenta.

¡QUÉ VIAJE!: El parto

EN EL ÚTERO CONFORTABLE...

Cuando ha llegado el momento de nacer, los músculos de la madre aprietan y empujan al bebé hacia afuera

¡UN GRAN EMPUJÓN!
¡PUFF! ¡PUFF! ¡PUFF! ¡PUFF!

y dentro de la vagina. La vagina se dilata y el bebé

¡ES UN NIÑO!

¡UAAAAAA!

sale, aún conectado a la madre por el cordón umbilical,

¡UAAA! ¡UAAA! ¡UAAA!
¡VEN CON MAMÁ! ¡QUÉ BEBÉ TAN PRECIOSO!

¡ZAS!

HOLA, CARIÑO ¿QUÉ TAL EL VIAJE?

que se corta. E inmediatamente, al bebé se le mima y abraza.

Creo que te llamaré mi pequeño César adorable.

Algunos minutos después de nacer se suele medir y pesar al bebé y aplicarle unas gotas en los ojos para evitar las infecciones.

Apuesto a que cuando mis padres me vieron fue amor a primera vista.

Intento imaginármelo.

Después, el médico corta el cordón umbilical y cose la herida de la madre que cicatriza en pocas semanas.

Esto se llama una cesárea, y es otra manera sana para que nazca un niño. Se cree que el término *cesárea* se remonta a la época de Julio César, el gran jefe, político y general romano, que pudo haber nacido por este método allá por el año 100 a. C., hace más de dos mil años.

Un parto con fórceps, uno de nalgas y una cesárea son partos perfectamente normales. Sin importar cómo ha nacido, inmediatamente después de nacer el bebé respira por primera vez y lanza su primer grito. Esto permite que sus pulmones se abran y comiencen a funcionar solos. ¡El instante del nacimiento es muy emocionante!

Aunque el bebé sigue conectado a la placenta por medio del cordón umbilical, ya no la necesita. El médico –o la comadrona– coloca una grapa alrededor del cordón umbilical del bebé y después lo corta a unos dos centímetros de distancia de su ombligo. Como el cordón umbilical no tiene terminaciones nerviosas, ni el bebé ni la madre sienten dolor.

Algunos días después, el trozo grapado de cordón umbilical se seca y cae sin provocar dolor. El lugar donde estaba fijado se convierte en el ombligo del bebé.

Una vez cortado el cordón, los músculos del útero se tensan un par de veces más e impulsan la placenta y el saco amniótico hacia fuera. Como salen del cuerpo de la madre después de que haya nacido el niño, se llaman secundinas.

El bebé recién nacido se seca suavemente, se envuelve en una manta y se entrega a la madre o al padre lo antes posible.

Cuando los padres reciben a su bebé recién nacido y pueden sentir su piel y su respiración, en general experimentan unos sentimientos renovados de amor y de asombro. Estos sentimientos de cariño y amor entre los padres y el niño pueden comenzar durante el nacimiento o algunas semanas después.

El nacimiento de un bebé es un acontecimiento fascinante. Al nacer, un bebé es capaz de ver, oír, llorar, chupar, coger, sentir y oler, y puede alimentarse chupando el pecho de su madre o un biberón. Un bebé recién nacido es capaz de hacer una cantidad de cosas asombrosas.

Si se va a circuncidar a un bebé varón, es decir, si se piensa eliminar el prepucio de su pene, se suele hacer algunos días después del nacimiento. Sólo se tarda unos minutos en practicar una circuncisión.

Algunas circuncisiones se practican por motivos religiosos. Los bebés varones que nacen en el seno de la religión judía o la musulmana suelen ser circuncidados por una persona que ha aprendido a practicarla como parte de una ceremonia religiosa.

Algunas circuncisiones son practicadas por un médico por motivos de salud: para que la higiene del extremo de su pene resulte más fácil. Sin embargo, un pene no circuncidado se puede mantener limpio retirando el prepucio con suavidad y lavando la punta. La mayoría de los médicos consideran que el pene se puede mantener limpio haya sido circuncidado o no.

Los bebés nacen de muchas maneras diferentes. Algunos bebés nacen con anticipación, antes de haber pasado los nueve meses completos dentro del útero. Esto se denomina parto prematuro. Un bebé que ha nacido anticipadamente se llama "bebé prematuro".

Un bebé que nace con sólo dos o tres semanas de anticipación es lo bastante grande como para comenzar una vida sana, y en general puede regresar a casa con sus padres después de pasar dos o tres días en el hospital. Pero para un bebé que ha nacido con un mes o más de anticipación, vivir fuera del útero materno puede resultar difícil. Sus pulmones pueden no estar completamente desarrollados, entorpeciendo su respiración. Podría ser incapaz de chupar y tragar con facilidad, lo que dificulta su alimentación. Y puede tener problemas para conservar el calor.

Un bebé que ha nacido con un mes o más de anticipación deberá quedarse en el hospital hasta que esté lo bastante sano como para ir a casa. En el hospital, el bebé permanece dentro de una cuna especialmente equipada llamada incubadora, que lo mantiene caliente y le proporciona oxígeno –lo mismo que hacía el útero de la madre con el feto– mientras sigue creciendo. Mientras está en la incubadora, sus padres, los médicos y las enfermeras lo alimentan y lo cuidan.

Cuando el bebé ha crecido lo suficiente y está casi tan sano como

uno que ha pasado nueve meses completos desarrollándose dentro del útero, puede alimentarse bien y conservar el calor, y sus padres pueden llevarlo a casa.

Bienvenido a casa.

Hogar, dulce hogar.

22
Otras concepciones
Distintas maneras de tener un bebé y una familia

A veces, las personas quieren tener un bebé pero no pueden, porque su óvulo y sus espermatozoides no pueden unirse. Afortunadamente existen otras maneras de tener un bebé además de la relación sexual.

Hay muchas razones diferentes por las que un óvulo y un espermatozoide son incapaces de unirse: a veces, los ovarios de la mujer son incapaces de liberar un óvulo cada mes; un óvulo no puede atravesar las trompas de Falopio; hay demasiados pocos espermatozoides capaces de alcanzar al óvulo; los espermatozoides del hombre son demasiado débiles para llegar hasta el óvulo.

Sin embargo, un óvulo femenino puede ser fertilizado por un espermatozoide masculino con la ayuda de un médico, y un embarazo puede comenzar de esa manera.

Un médico puede extraer un óvulo de uno de los ovarios y colocarlo en un pequeño plato de cristal lleno de un líquido junto a unos espermatozoides eyaculados. Después de que el óvulo haya sido fertilizado por uno de los espermatozoides del plato, se vuelve a implantar en el útero y el embarazo puede seguir su curso. Este método de iniciar un embarazo se llama concepción asistida o fecundación *in vitro*. *In vitro* son palabras en latín que significan en cristal.

Cuando no hay bastantes espermatozoides o no tienen fuerza suficiente para nadar hasta el óvulo, el médico puede introducir los espermatozoides eyaculados en la vagina o el útero de la mujer por medio de una jeringa. En el útero, los espermatozoides deben recorrer una distancia más corta y tienen una mejor oportunidad de unirse a un óvulo en las trompas de Falopio.

Este sistema de iniciar un embarazo se llama inseminación artificial, aunque no es artificial, sino facilitada. *Inseminar* significa *introducir una semilla* y, en este caso, *embarazar*.

Estas palabras nuevas me gustan.

Demasiadas palabras nuevas.

A veces, si un hombre está muy enfermo, los medicamentos que necesita para sanar pueden disminuir la cantidad de espermatozoides que es capaz de producir. Antes de que el hombre tome los medicamentos, sus espermatozoides eyaculados se pueden colocar en un banco de esperma: un laboratorio médico, donde se congelan y almacenan durante diez o quince años. Más adelante servirán para concebir un bebé por medio de la inseminación artificial.

Hay personas que son absolutamente incapaces de concebir un bebé: ni a través de una relación sexual, ni de una inseminación artificial, ni por una fertilización *in vitro*, ni congelando espermatozoides. Sin embargo, pueden fundar una familia adoptando un niño.

Adoptar significa que una familia se lleva un niño de otra familia y lo incorpora a la suya, criándolo como si fuera propio. Un niño o una niña adoptado se convierte en un miembro de su nueva familia.

Muchas personas optan por adoptar un niño porque son incapaces de concebir. Algunos que pueden hacerlo también optan por adoptar.

En general, la adopción se produce cuando una madre y/o un padre son incapaces de cuidar de su bebé recién nacido o de su niño y deciden que otros lo cuiden, lo crien y lo amen.

La adopción es un acto legal.

Esto significa que la madre y/o el padre verdaderos del niño firman un papel ante un abogado o un juez donde dice que entregan a su niño para siempre a otros padres que lo quieren y están dispuestos a cuidar de él.

El padre/madre o los padres adoptivos nuevos se comprometen a criar al niño como si fuera propio. Ellos también firman el papel de la adopción ante el abogado o el juez.

Hay muchas maneras de tener un bebé y crear una familia. Sin importar la manera en que se tiene un niño, cuidarlo y amarlo puede ser una experiencia maravillosa y asombrosa.

Quinta parte
Decisiones

23
Planificación anticipada
Postergación, abstinencia y anticoncepción

Tener o no tener relaciones sexuales es una decisión que todos tienen derecho a tomar. Pero siempre se debe recordar que las relaciones sexuales pueden provocar un embarazo y el nacimiento de un bebé.

Muchos jóvenes optan por esperar y no tener relaciones sexuales hasta que se sientan lo bastante adultos o responsables como para tomar decisiones sanas con respecto al sexo. Esto se llama postergación. *Postergar* significa *retrasar hasta más adelante*. La manera más segura de no sufrir un embarazo no deseado es no tener relaciones sexuales. Esto se denomina abstinencia. *Abstenerse* significa *no hacer algo que se tiene deseos de hacer*.

La postergación y la abstinencia también ayudan a prevenir el contagio o la transmisión de infecciones que se transmiten por contacto sexual.

Muchos de los que optan por postergar o abstenerse de tener relaciones sexuales dicen que siguen siendo capaces de tener una relación amorosa con otro.

A veces las personas que optan por tener relaciones sexuales han planeado tener un bebé. Pero otros perfieren esperar, o no tienen la menor intención de ser padres. Por eso es importante saber cómo prevenir un embarazo.

Planificación familiar, *control de la natalidad* y *anticoncepción* son las palabras que designan las múltiples maneras de evitar un embarazo.

Anti es una palabra latina que significa *contra*. *Concepción* significa *inicio*. *Anticoncepción* significa *contrario al inicio de un embarazo*.

Hay muchos métodos anticonceptivos, y algunos funcionan mejor que otros. Conviene aprender a utilizarlos, y recurrir a ellos cada vez que se tiene una relación sexual para que funcionen. Pero ningún método anticonceptivo tiene garantías de funcionar el 100% de las veces.

La mayoría de los métodos anticonceptivos pueden obtenerse gratis a través del médico de cabecera o en una clínica de planificación familiar. Puedes hablar con un médico o un profesional de la salud y la conversación será confidencial. Algunos métodos, como los condones, los espermicidas y las esponjas también pueden adquirirse en las farmacias. Generalmente están expuestos en una sección

especial o incluso están justo al lado de la caja registradora. Por eso, este tipo de métodos anticonceptivos se llaman "de mostrador".

Un condón es un tubo de paredes muy finas que encaja en un pene erecto. Cuando un hombre eyacula, el semen queda dentro del condón y los espermatozoides no pueden llegar hasta el óvulo. Si el condón no se utiliza de un modo adecuado, a veces el semen puede derramarse fuera. Para evitar un embarazo, los condones funcionan mejor si se utilizan junto con una espuma, una crema o un gel especiales –llamados espermicidas–

Poniendo un condón

que contienen un producto químico capaz de eliminar espermatozoides. La utilización de un condón durante la relación sexual –*de manera correcta y todas las veces*–

también puede evitar la transmisión de infecciones: las ligeras y las peligrosas para la vida, como el VIH y la hepatitis B. Es una manera de practicar un sexo más seguro. Es importante comprender que cualquier método anticonceptivo empleado por sí solo –*sin* un condón– *no impide* que alguien se contagie o transmita una infección.

Algunas personas llaman a los condones "gomas" porque generalmente están hechos de un material gomoso llamado látex. Los científicos consideran que un tipo más nuevo de condón, hecho de un material fuerte, delgado y gomoso

Conque los condones se llaman gomas.

Si gomas... pero no son iguales a las que están puestas en la punta de un lápiz.

llamado poliuretano, es más fuerte que el látex. Es importante utilizar condones de látex o de poliuretano, porque es menos probable que se rompan o filtren que los de otro tipo.

Hay un condón diseñado para encajar en la vagina que se llama condón femenino; también está hecho de poliuretano. Este condón suave, parecido a un bolso, se introduce en la vagina antes de la relación sexual.

El producto que contienen las espumas, las cremas y los geles espermicidas –y las esponjas– puede eliminar los espermatozoides, pero las esponjas pueden absorber y bloquear su entrada. Este tipo de anticonceptivos se introducen en la vagina antes de la relación sexual. Hay que emplear espermicidas y esponjas con los condones; por sí solos son incapaces de eliminar o absorber todos los espermatozoides, y tampoco protegen contra una infección o una transmisión. Es importante *no* emplear *ningún* lubricante aceitoso, como la vaselina o los aceites corporales, porque podrían dañar o romper el condón.

Condón

Condón femenino

Espermicida

Esponja

Píldoras anticonceptivas

Implante Norplant

Depo-Provera

Diafragma

Capuchón cervical

Dispositivo intrauterino

¿Espuma, geles y esponjas? ¡Es imposible que se refieran a jalea de fresa o esponjas de baño!

¡No! ¡No se trata de los que sirven para afeitarse, para comer con un helado o para limpiar la bañera! ¡Definitivamente NO!

Las píldoras anticonceptivas, el implante *Norplant*, el diafragma, el capuchón cervical, el DIU y el *Depo-Provera* son anticonceptivos que una mujer sólo puede conseguir después de visitar a su médico de cabecera o su clínica de planificación familiar y obtener una receta. Después, el anticonceptivo se compra en una farmacia.

Las píldoras anticonceptivas ("la píldora"), contienen hormonas artificiales que evitan que los ovarios liberen óvulos. Una mujer tiene que seguir las indicaciones sobre los días que debe tomar la píldora para que este sistema de control de la natalidad funcione.

El implante *Norplant* es un dispositivo anticonceptivo que un médico introduce en la parte superior del brazo de una mujer,

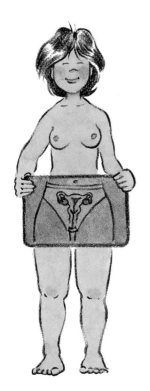

debajo de la piel. Tiene seis tubos diminutos que liberan una hormona artificial, la cual evita que los ovarios liberen óvulos y que los espermatozoides atraviesen el cuello del útero; tiene una eficacia de hasta cinco años de duración.

Depo-Provera, que también se llama "la inyección", es un medicamento anticonceptivo que se inyecta cada tres meses en los glúteos de la mujer y a veces en la parte superior del brazo. Evita que los ovarios liberen óvulos.

El diafragma y el capuchón cervical son pequeñas copas de látex que encajan dentro de la vagina y se colocan en el cuello del útero antes de la relación sexual.

Pueden evitar que los espermatozoides penetren en el cuello del útero, y deben emplearse con un espermicida.

Un DIU, o dispositivo intrauterino, es un pequeño dispositivo de plástico y cobre que un médico introduce en el útero y que puede evitar que un espermatozoide se una a un óvulo.

Si se decide tener relaciones sexuales, la protección más útil frente a los embarazos o las infecciones es el uso correcto de un anticonceptivo.

Si se produce una emergencia y una mujer es violada –forzada a tener una relación sexual en contra de su voluntad– o si ha practicado el sexo sin protección por algún motivo, hay un medicamento llamado píldoras anticonceptivas de emergencia, que puede tomar para evitar un embarazo. Contiene hormonas que evitan la fecundación o la implantación de un óvulo fecundado en el útero. Este método debe aplicarse dentro de las setenta y dos horas siguientes de la relación sexual, bajo supervisión médica. No se

Dónde encajan

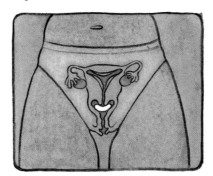

Condón femenino

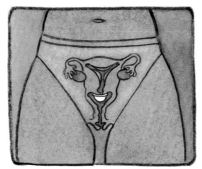

Esponja

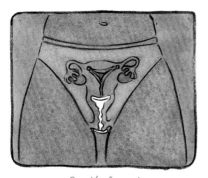

Diafragma

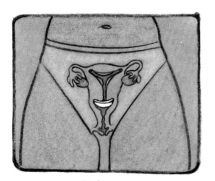

Capuchón cervical

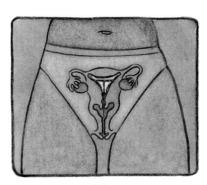

DIU

debe considerar como una forma de anticonceptivo regular.

Un DIU, introducido en el útero cinco días después de una relación sexual, también puede evitar que un óvulo fertilizado se implante en el útero y empiece un embarazo.

Algunos métodos anticonceptivos, como la planificación familiar natural y retirarse, no emplean dispositivos anticonceptivos.

Cuando una pareja recurre a la planificación familiar natural, intenta calcular el momento de la ovulación y después se abstiene de tener relaciones sexuales durante ese período. Pero es muy difícil saber cuándo un óvulo ha sido liberado, porque el momento puede variar de un mes a otro, *especialmente* en el caso de muchas adolescentes. Siempre hay que tener presente que la planificación familiar natural requiere unas enseñanzas excelentes y un uso *extremadamente* preciso y cuidadosos para que funcione, *especialmente* en el caso de las adolescentes.

Cuando una pareja emplea el sistema de retirarse, el hombre retira su pene de la vagina de la mujer justo antes de eyacular. Este método *tampoco* funciona muy bien porque un poco de semen suele salir antes de la eyaculación o porque el hombre puede dejar de retirar su pene antes de eyacular.

A veces, cuando las personas deciden no tener más hijos, pueden optar por practicarse una operación muy sencilla llamada esterilización.

Cuando un hombre se ha hecho esta operación –llamada vasectomía– un médico corta o elimina un pequeño trozo del conducto deferente. El resultado es que el semen eyaculado ya no contiene espermatozoides.

Cuando una mujer se ha hecho esta operación –llamada esterilización– un médico elimina, corta o tapona un trozo pequeño de cada trompa de Falopio de manera que el óvulo no logra llegar hasta el útero y los espermatozoides no entran en contacto con él.

Algunos consideran que el uso de cualquier método anticonceptivo está mal. Otros creen que lo adecuado es usar la planificación familiar natural y el retirarse, pero que está mal usar anticonceptivos.

Y hay otros que consideran que la anticoncepción es una manera eficaz y responsable de evitar los embarazos no deseados o postergar el tener hijos. Estas personas emplean la

Los pájaros planeamos volar al sur.

¿Has pensado alguna vez quedarte en el sur?

anticoncepción como ayuda para planificar una familia.

Los padres o el médico son personas adecuadas para hablar de la postergación, la abstinencia y la anticoncepción. Las clínicas de planificación familiar o las clínicas especiales para jóvenes son sitios adecuados para obtener información.

24
Leyes
El aborto

A veces, generalmente durante los primeros meses de embarazo, se produce un aborto sin ninguna intervención. Se llama *aborto espontáneo*. Cuando ocurre, el embrión o el feto es expulsado del útero sin previo aviso; a menudo ocurre porque no se desarrolla de forma normal.

He oído hablar del aborto.

Sólo sé que se habla mucho de ello, especialmente en la radio y la tele.

Los médicos no siempre saben por qué ocurren los abortos, pero saben que las mujeres que los sufren normalmente pueden volver a quedar embarazadas y dar a luz a bebés sanos. Lo mismo se puede decir de las mujeres que han abortado voluntariamente.

Un *aborto voluntario* es un procedimiento médico llevado a cabo para interrumpir un embarazo. Algunas mujeres embarazadas eligen hacerse un aborto. Sin embargo, los sentimientos de las personas acerca del aborto no son sencillos y pueden fluctuar entre desahogo y tristeza, entre preocupación y miedo.

El aborto puede realizarse en una clínica: el embarazo se interrumpe eliminando el embrión o el feto del útero. Este procedimiento toma alrededor de cinco minutos y suele realizarse durante los primeros tres meses del embarazo, antes de que sea evidente en la mayoría de las mujeres.

Existen píldoras que contienen drogas que pueden interrumpir el embarazo, y en algunos países se utilizan como otro método de realizar el aborto. En Estados Unidos, el gobierno y los profesionales de la salud están trabajando para que estas píldoras estén disponibles. Una mujer embarazada las puede tomar durante las primeras semanas del embarazo, pero requieren visitas al médico y supervisión. Estas píldoras causan que el revestimiento del útero y el embrión salgan del útero.

Una mujer, o una pareja, puede tener muchas diferentes razones por las cuales desea o necesita interrumpir un embarazo:

- La mujer tiene una enfermedad o una condición congénita que causa que el embarazo o el parto sea peligroso para su salud y hasta pueda causarle la muerte.

- Una prueba demuestra que el feto lleva una condición congénita seria o un defecto al nacer.

- La madre o el padre está enfermo e incapaz de cuidar a un bebé.

- Los padres no tienen suficiente dinero o tiempo para criar bien al bebé o ya tienen hijos y no pueden costearse otro hijo.

- Los padres sienten que son demasiado jóvenes para ser responsables del cuidado de un bebé.

- La joven/mujer siente que no está preparada para llevar a buen término el embarazo.

- La joven/mujer se vio forzada a tener relaciones sexuales sin su consentimiento –fue violada– y, como resultado, quedó embarazada.

- La joven/mujer es soltera y no se siente capaz de criar un niño por sí sola.

- El embarazo no fue intentado o no es deseado.

Las personas suelen tener sentimientos fuertes sobre si una mujer tiene el derecho a elegir el aborto. En algunos países, el aborto es un derecho que pertenece a todas las mujeres/jóvenes; en otros, el derecho al aborto se restringe o se prohíbe.

En el 1973, la Corte Suprema de Estados Unidos, la más alta y la más poderosa corte en la nación, decidió que una mujer tiene el derecho de interrumpir un embarazo no deseado. Esta decisión también indica que ningún estado puede limitar ese derecho, a menos que sea durante una etapa muy avanzada del embarazo cuando un feto podría lograr sobrevivir fuera de la matriz. Durante esta etapa avanzada, una mujer sólo puede elegir un aborto cuando el embarazo cause riesgo a su salud o a su vida.

Esta decisión por parte de la Corte Suprema se llama *Roe versus Wade*. Algunos individuos y grupos están completamente de acuerdo con esta decisión y otros están completamente opuestos a ella.

Las personas que apoyan la decisión de la Corte Suprema se identifican como "pro al derecho a elegir". Esas personas favorecen el derecho de la mujer a elegir por sí misma si se hace o no un aborto. Creen que es un asunto sumamente privado y una opción personal y, por lo tanto, la decisión la debe hacer la mujer y no el gobierno.

Las personas que creen que esta decisión de la Corte se debe cambiar se identifican como "pro vida". Ellas creen que esta decisión, que permite que una mujer decidida por sí misma si se hace o no un aborto, es equivocada. Creen que la vida comienza cuando un bebé es concebido y que un embrión o un feto tiene derecho a la vida: el derecho a crecer en el cuerpo materno y a nacer, sea o no el deseo de la madre.

Las decisiones y las leyes sobre el derecho a elegir de cada mujer han cambiado a través de los años y posiblemente seguirán cambiando. En 1992, la Corte Suprema decidió corroborar la decisión acordada en 1973, que garantiza el derecho de la mujer al aborto. Sin embargo, la Corte también decidió que cualquier estado de la nación puede imponer restricciones razonables sobre el derecho de la mujer al aborto, pero que no puede declarar el aborto completamente fuera de la ley.

Por ejemplo, algunos estados requieren que antes que se haga un aborto:

- Una joven/mujer menor de dieciocho años de edad debe obtener el consentimiento de uno o ambos de sus padres o el permiso de un juez, de acuerdo con las leyes del estado.

- A una joven/mujer se le tiene que hablar sobre las alternativas al

aborto, tal como continuar el embarazo y dar a luz y criar a su bebé o permitir que su bebé sea adoptado.

- A una joven/mujer primero debe entrevistarse con un profesional de la salud sobre someterse a un aborto y luego debe esperar veinticuatro horas antes de hacerse el aborto.

- El médico o la clínica deben mantener un expediente detallado, con anotaciones sobre cada uno de los abortos que han hecho.

Ya que las leyes pueden y, en efecto, cambian, tal vez quieras preguntarle a tus padres o a tu maestro/a cuáles son las leyes que existen ahora, o cuáles son mejores en tu estado particular.

Sexta parte

Cómo conservar la salud

25
Habla de ello
El abuso sexual

Es triste pero cierto: la conducta sexual de algunas personas puede ser peligrosa e incluso puede dañar a otros. Este tipo de conducta se llama abuso sexual.

¿Tenemos que escuchar cosas sobre el abuso sexual?

Creo que sí.

El abuso sexual es un tema difícil de abordar, tanto para los niños como para los adultos. Muchas veces se escuchan cosas erróneas y confusas al respecto.

Aunque es probable que la mayoría de los niños hayan oído las palabras *abuso sexual*, no significa que conozcan su significado exacto.

Sexual quiere decir que tiene *alguna* relación con el *sexo*. *Abuso* significa *mal trato*, *trato incorrecto*.

El abuso sexual ocurre cuando alguien maltrata a otro de un modo sexual. Ocurre cuando alguien que es más poderoso que otro se aprovecha de éste de un modo sexual. Está mal aprovecharse de otro sólo por ser más fuerte.

La mayoría de nosotros –pequeños y grandes– hemos aprendido a tratar a los demás con respeto. El abuso sexual ocurre cuando alguien rompe las reglas que están relacionadas con el cuerpo de otra persona.

Ocurre cuando alguien interfiere con las partes –las partes sexuales– del cuerpo de otro y éste no lo desea, o cuando alguien obliga a otro a tocar sus partes sin que la otra persona lo desee.

Esta otra persona puede ser un conocido o conocida, alguien querido o un extraño. La verdad es que es más probable que se trate de un conocido. El abuso sexual puede ocurrir entre niños y adultos, e incluso entre padres e hijos. También puede ocurrir entre dos niños o niñas y entre hermanos y hermanas. Puede ocurrirles tanto a las chicas como a los chicos.

Los abrazos, besos, toques y caricias entre los miembros de una familia y entre los amigos no son abusos sexuales. El examen físico del cuerpo realizado por un médico o una enfermera tampoco lo es. Todos necesitamos exámenes médicos regulares para mantenernos sanos.

El abuso sexual puede provocar dolor e incluso ser muy doloroso. Pero no todos los abusos sexuales son dolorosos; de hecho, se puede

abusar de una persona en un modo que parece cariñoso y suave. Cuando esto ocurre, una persona puede sentir una gran confusión, porque es casi imposible comprender cómo algo tan malo puede parecer suave o cariñoso.

El abuso sexual siempre está mal, aunque parezca suave o cariñoso y no sea doloroso. Las personas, especialmente los adultos, saben que está mal. Si te ocurre no es culpa tuya. Aunque los niños no sepan las reglas, los adultos sí las saben, o deberían saberlas.

Siempre es importante recordar que tu cuerpo te pertenece. También es importante saber que hay muchas personas que quieren a los niños y que quieren que estén a salvo.

Si alguien intenta hacerle algo a tu cuerpo que tú no deseas o crees que no debería hacer, di "¡NO!" o "¡PARA!" o "¡NO HAGAS ESO!" a la persona que está abusando de ti.

Algunos de ustedes habrán oído la palabra *acosar*. Acosar significa *incordiar* o *molestar*. Si alguno te acosa –es decir, te molesta– hablando del sexo, usando palabras sucias o maleducadas relativas al sexo cuando tú no quieres que lo haga, o hablan de tu cuerpo de un modo que te resulta desagradable, dile a esa persona que NO LO HAGA. Incluso si esa persona no te está tocando, hablar del sexo o de tu cuerpo de este modo puede ser un tipo de abuso sexual.

Hay algunos secretos que puedes guardar con un amigo íntimo. Pero no mantengas el abuso sexual en secreto si te ocurre a ti o a un amigo o amiga íntimos, incluso si alguien te dice que lo mantengas en secreto.

Díselo a alguien que conozcas y en quien confíes, ¡inmediatamente!

Si el primero al que se lo dices no te presta atención, díselo a una segunda persona. Sigue hablando

de ello hasta que encuentres a alguien que te comprenda y te crea. Esa persona te ayudará.

Recuérdalo siempre: si alguien abusa de ti, ¡NUNCA ES CULPA TUYA!

Además, nunca debes abusar de nadie en ningún modo. No es justo. Está mal. Si alguien te dice que NO, debes creerle y respetar sus deseos.

A la mayoría de las personas no les agrada hablar del abuso sexual, pero en la actualidad hay más

Da miedo y asco oír hablar del abuso sexual.

Es cierto. Pero me siento mejor al hablar de ello.

personas que hablan de ello que en el pasado. Se puede hablar de ello con los padres o con un amigo. Suele ser útil hablar con un

¡NO!

¡PARA!

¡NO HAGAS ESO!

maestro, un asistente social, un médico, una enfermera o un clérigo: las personas que están especialmente preparadas para ayudar. Cuando alguien que ha sufrido abusos sexuales logra hablar con una persona de confianza termina por sentirse mejor.

26
El chequeo
Las enfermedades de transmisión sexual

El sexo es una parte de la vida sana, natural y perfectamente normal. Pero a veces las actividades sexuales pueden ser malsanas.

Las enfermedades de transmisión sexual, abreviadas como ETS, son enfermedades o infecciones que una persona puede transmitir a otra a través del contacto sexual, desde tocamientos sexuales hasta relaciones sexuales. Otra forma de llamar a las ETS es EV, abreviatura de *enfermedades venéreas*.

Las infecciones y enfermedades como los resfriados y las gripes están provocadas por gérmenes tan pequeños que sólo son visibles a través de un microscopio. No todos los gérmenes provocan enfermedades, pero algunos, como los virus y las bacterias, sí lo hacen. Los gérmenes pueden transmitirse de una persona a otra a través de todo tipo de contactos: estornudos, darse la mano y usar el mismo vaso, plato o cubierto.

Las ETS se diferencian de la mayoría de las demás infecciones

—son diferentes de los resfriados o la gripe— porque se transmiten por contacto sexual. A la mayoría de las personas les disgusta hablar de las ETS.

Me disgusta oír hablar de cualquier enfermedad.

A mí también, pero es mejor escuchar.

Hay muchas ETS. Algunas no son muy graves. Otras sí pueden provocar la imposibilidad de tener hijos, e incluso pueden provocar la muerte. Pero muchas se pueden curar, y existen medicamentos y tratamientos que mejoran el estado de las personas que tienen una ETS incurable.

Los gérmenes no son la única manera de contagiarse de una ETS. Algunas ETS, como las ladillas o la sarna, están provocadas por insectos y otros animales diminutos.

Las ladillas son una ETS bastante corriente. Son una especie de piojos que viven en las partes cálidas y vellosas, como la zona púbica, y se transmiten a través del contacto sexual. Es fácil deshacerse de ellos aplicando una medicación –que las elimina– en la zona púbica. Las ladillas son diferentes de los piojos corrientes de la cabeza, porque éstos últimos no se transmiten de una persona a otra a través del contacto sexual. Los piojos de la cabeza no son una ETS.

La sarna puede serlo, pero no siempre. La provocan unos insectos diminutos llamados ácaros que pueden producir una fuerte picazón alrededor de los genitales y en otras partes del cuerpo, salvo la cabeza y el cuello. La sarna se cura aplicando una medicación en la zona afectada.

El contacto sexual no es la única manera de contagiarse ladillas o sarna; el contacto con las sábanas, las toallas o la ropa de una persona infectada también es un método de contagio. La sífilis, la gonorrea y la clamidia son tres ETS provocadas por bacterias. En general, se pueden curar si uno se dirige a un médico o un hospital y toma el medicamento adecuado. Sin embargo, si no se tratan estas ETS, uno puede enfermar muy gravemente y quedarse ciego o ser incapaz de tener hijos. Una madre infectada por una de estas ETS puede trasmitirla a su bebé y provocarle daños. La sífilis es una ETS muy peligrosa y, si no se trata, el resultado puede ser la muerte.

La hepatitis B es una ETS provocada por un virus que infecta el hígado. La hepatitis B es muy contagiosa y se puede transmitir a través de los besos, la relación sexual y las agujas y jeringas sucias. Los que toman drogas usando o compartiendo agujas y jeringas sucias corren un gran riesgo de contagiarse de hepatitis B. Si te agujereas las orejas o te haces un tatuaje, deberás asegurarte que se utiliza una aguja completamente nueva y libre de gérmenes. La hepatitis B no tiene cura, pero existe una vacuna que puede evitar que uno se contagie el virus. La mayoría de las personas que se contagian del virus se curan, pero puede provocar la muerte.

Las verrugas genitales son otra ETS provocada por un virus. Aparecen en los genitales o alrededor del ano y pueden provocar una gran picazón y mucho dolor. El único tratamiento consiste en eliminarlas, pero las verrugas genitales son muy contagiosas y pueden volver a aparecer. Esta ETS no tiene cura. Si un médico no elimina las verrugas se pueden multiplicar con velocidad. Las verrugas genitales aumentan el riesgo de contraer cáncer del cuello del útero en las mujeres.

El virus del *herpes simplex* provoca una infección que puede ser transmitida sexualmente, pero no siempre. El virus es transmitido de una persona a otra a través del contacto de la piel y es muy contagioso. Hay dos tipos de virus del *herpes simplex*. El *herpes 1* provoca lesiones en forma de llagas alrededor o cerca de los labios, la boca, la nariz y los ojos. El *herpes 2*, o *herpes genital*, provoca lesiones en forma de llagas alrededor o cerca de los genitales o el ano. No se ha encontrado una cura para el virus del *herpes simplex*, pero un médico puede tratar ambos tipos con una medicación que hace desaparecer las llagas y mejora el estado de la zona infectada. Sin embargo, las lesiones pueden volver a aparecer.

Los que sufren ETS son sobre todo los adultos y los adolescentes.

Si tienes un contacto sexual, el uso de un condón de látex o de poliuretano –correctamente y en cada ocasión– te ayudará a protegerte del contagio o la transmisión de estas infecciones. Esta es una manera de practicar un sexo más seguro.
El sexo sin protección es muy arriesgado.

No todas las infecciones están provocadas por el contacto sexual, pero si alguno siente incomodidad

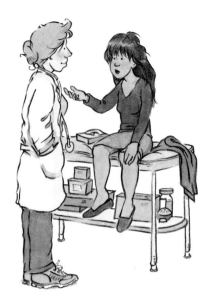

o dolor en las partes sexuales de su cuerpo o cerca de ellas, es importante decírselo a los padres, la enfermera del colegio u otro adulto de confianza, para hacer un análisis médico. Si se tiene una enfermedad de transmisión sexual, obtener atención médica rápida no sólo hará que uno se sienta mejor: también puede salvar la vida, además de impedir que la infección sea transmitida a otras personas.

27
Los científicos trabajan día y noche
VIH y sida

La infección por VIH es la última ETS y la más peligrosa de las enfermedades de transmisión sexual. El VIH es el germen –el virus– que provoca el sida.

Las letras de la palabra *VIH* significan *Virus de Inmunodeficiencia Humana*. Un *virus es un tipo de germen que puede provocar una enfermedad.* Las letras de la palabra sida significan *Síndrome de Inmunodeficiencia Adquirida. Adquirida* significa *algo de lo que puedes padecer.*

Inmunodeficiencia significa *incapacidad de protegerse o luchar contra una infección. Síndrome* significa un *conjunto de síntomas o de condiciones que pueden acompañar a una enfermedad*, como la fiebre o la pérdida del apetito.

Estas palabras significan que cuando las personas infectadas por el VIH desarrollan el sida y enferman, sus cuerpos ya no son capaces de protegerlos o luchar contra las infecciones. Actualmente, los científicos y los

médicos creen que la mayoría de las personas infectadas por el VIH acabarán por desarrollar los síntomas o las condiciones del sida, como la tos, la fiebre, la pérdida de peso, la hinchazón de las glándulas, la diarrea y la incapacidad de ver o pensar con claridad.

Una persona infectada por el VIH puede no enfermar durante mucho tiempo, pero casi todos los que desarrollan el sida acaba por morir de una o más de estas condiciones. Hoy en día el sida no tiene cura, aunque existen algunos

¡El sida me asusta!

¡El sida es realmente terrorífico!

medicamentos y tratamientos que pueden retrasar el virus.

Cualquiera puede ser infectado por el VIH: viejo o joven, hombre o mujer, rico o pobre, heterosexual u homosexual, famoso o desconocido, fuerte o débil. Cualquier persona de cualquier raza o religión puede infectarse del VIH y desarrollar el sida. La infección del VIH no tiene ninguna relación con quién eres; puede estar muy relacionada con lo que haces.

Un análisis de sangre efectuado por un médico indica si una persona está infectada por el VIH. Si es así, podría seguir estando sana, incluso tener un aspecto sano y llevar una vida buena y productiva durante muchos años. Sin el análisis de sangre es difícil saber si la persona está infectada. La expresión *seropositivo* significa que la persona tiene el VIH en el cuerpo.

¿Cómo puedo contagiarme del VIH?

¿Cómo puedo evitar contagiarme del VIH?

Las maneras en las que *no* puedes contagiarte del VIH

• No puedes contagiarte del VIH jugando al marro, luchando, abrazando, saludando con la mano, bailando o saludando con un beso en la mejilla a alguien que tiene el VIH.

• No puedes contagiarte del VIH por los alimentos, un plato, un peine, un cepillo para el cabello, el tirador de una puerta ni el asiento del inodoro utilizados por una persona contagiada del VIH.

• No puedes contagiarte del VIH como de un resfriado, porque el virus no viaja a través del aire. Esto significa que no puedes contagiarte del VIH a través de una tos o un estornudo.

• No puedes contagiarte del VIH donando sangre.

• No puedes contagiarte del VIH a través de una picadura de mosquito o de piojo.

• No puedes contagiarte del VIH estando en la misma habitación que alguien que tiene el VIH. Esto significa que no puedes contagiarte del VIH sólo si vas al colegio con alguien que tiene el VIH.

INSTITUTO

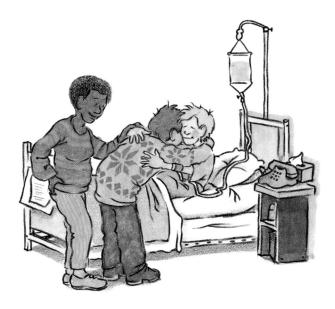

• No puedes contagiarte del VIH al visitar a alguien que lo tiene, en su casa o en el hospital.

Me gusta saber todas las maneras en las que no puedes coger el VIH.

A mí también. Pero me pregunto cómo puedes cogerlo.

• No puedes contagiarte del VIH si nadas en la misma piscina con alguien que tiene el VIH.

Las maneras en que *sí* puedes contagiarte del VIH.

• Puedes contagiarte del VIH a través del contacto con el semen de un pene o de los fluidos de una vagina de alguien que tiene el virus.

Estos fluidos corporales llevan el VIH. Esto significa que puedes contagiarte del VIH a través de una relación sexual con una persona infectada por el virus, incluso si esa persona parece sana.

• También significa que si tienes un contacto sexual que involucra el pene y la vagina, o el pene y el ano, o la boca y los genitales con alguien que tiene el VIH y no te proteges correctamente, existe un riesgo real de contagiarte el VIH.

• Puedes contagiarte del VIH a través de la sangre de una persona que los tiene. Esto significa que puedes contagiarte si la sangre de una persona infectada penetra en tu torrente sanguíneo. Sin embargo, toda la sangre donada para niños, adolescentes, bebés y adultos que necesitan sangre en un hospital o

en casa se examina para asegurar que no está infectada por el VIH antes de dársela.

• Puedes contagiarte del VIH si te endrogas y usas una aguja y una jeringa que han sido utilizadas por alguien que tiene el VIH. Las personas que se drogan usando agujas y jeringas sucias o que las comparten corren un gran riesgo de contagiarse del VIH.

Pero cada vez que tu médico o enfermera te ponen una inyección, utilizan una aguja y una jeringa completamente nuevas y desechables, que después se arrojan en un lugar seguro. No puedes contagiarte del VIH con agujas y jeringas completamente nuevas. Si te haces agujeros en las orejas o te haces un tatuaje, debes asegurarte de que la aguja utilizada es completamente nueva, libre de gérmenes y desechable.

• Una mujer infectada por el VIH que esté embarazada puede transmitirlo a su bebé mientras está

Hay que tener cuidado.

Ya lo creo.

en el útero o durante el parto. Por eso algunos bebés nacen infectados por el virus. Y algunas madres infectadas por el virus lo transmiten a sus bebés a través de su leche. Pero una mujer embarazada puede tomar un medicamento que evita que el bebé nazca con el VIH.

Afortunadamente, los científicos y los médicos han descubierto

Todo esto parece tan triste...

Y asusta.

maneras en las que las personas pueden protegerse del contagio del VIH y disminuir las posibilidades de desarrollar el sida. Una de las maneras es abstenerse de las relaciones sexuales. Esto se llama abstinencia y es la única manera completamente segura de protegerse del VIH a través del contacto sexual.

Si alguien opta por tener relaciones sexuales, el uso de un condón de látex o de poliuretano puede disminuir las posibilidades de contagiarse del VIH. Es posible que hayáis oído la expresión "sexo seguro". El uso de un condón de látex o de poliuretano es una de las maneras de practicar un sexo seguro.

No compartir agujas es otra manera de evitar la posibilidad de contagiarse del VIH.

Los científicos de todo el mundo están trabajando día y noche en sus laboratorios para descubrir una vacuna que evite el contagio del VIH si se entra en contacto con él. Al igual que hay vacunas para proteger a las personas del sarampión, las paperas o la polio, una vacuna contra el VIH podría evitar que una persona se infectara del VIH y desarrollara el sida.

Los científicos también están trabajando para producir píldoras, inyecciones u otros tratamientos que ayuden a quienes ya están contagiados del VIH a vivir unas vidas más largas y más sanas. Tienen la esperanza que estos tratamientos inmovilizarán el virus para que sea incapaz de dañar a las

personas, o lo eliminarán de sus cuerpos.

Pero incluso sin una vacuna o un tratamiento, las personas pueden protegerse de una infección del VIH sabiendo cómo se transmite de una persona a otra.

Muchas personas que son seropositivas o que han desarrollado el sida pueden ir a trabajar o al colegio y seguir llevando vida normal durante unos cuantos años, hasta que el virus les deja demasiado enfermos.

Sin embargo, los niños, los adolescentes y los adultos seropositivos o que han desarrollado el sida han sufrido discriminación. Algunos niños, junto con sus familias, se han visto obligados a trasladarse a barrios o

ciudades diferentes para poder ir a la escuela, y algunos adultos han perdido su empleo y se han visto obligados a trasladarse, sólo porque son seropositivos o porque han desarrollado el sida.

Ser seropositivo y haber desarrollado el sida es muy triste y doloroso. De manera que si conoces a alguien que sea seropositivo o que haya desarrollado el sida trátalo con amabilidad. Dale la mano, dile HOLA, abrázale, háblale, ríe e incluso llora con esa persona y trabaja y juega con ella: todas estas cosas no son peligrosas, trátale como tratarías a cualquier amigo.

28
Conservar la salud
Opciones responsables

Una parte importante de hacerse adulto consiste en aprender a cuidarse de una manera sana.

Ahora soy un experto en hacerse adulto ¡Sé muchas cosas!

Yo sé lo justo.

Comer alimentos sanos, hacer ejercicio casi todos los días, llevar ropa limpia, apartarse de las drogas y el alcohol y someterse a exámenes periódicos con un médico... todas estas cosas pueden ayudarte a mantenerte sano mientras atraviesas la pubertad.

Pero mantenerte sano significa algo más que limitarte a cuidar de tu cuerpo. También significa hacerte responsable de tus actos, de ti mismo y de lo que haces. Significa optar por cosas sanas,

incluidas las relativas a tu cuerpo y al sexo. Y significa respetarte y respetar tus propias decisiones.

Estar sano también implica tener relaciones sanas con los demás. Eso significa no sólo cuidar de ti mismo, sino cuidar de tus amigos, tanto de los chicos como de las chicas. Tener amigos –o buenos amigos– mientras te haces adulto puede ayudarte a aprender

cómo tener relaciones sanas con otras personas, que implica compartir, preocuparse por otros y respetarles.

Mientras tu vida transcurre, la amistad –ser un buen amigo– es una parte importante de toda relación sana: sea el gustarse, quererse, o gustarse y quererse, sea elegir ser amigos, ser compañeros, citarse o contraer matrimonio.

Sin embargo, la pubertad es un período durante el cual los amigos, incluso los amigos íntimos, suelen intentar persuadirte o acosarte con el fin de que pruebes cosas nuevas. Algunas de estas cosas, que pueden estar relacionadas con el sexo, el alcohol o las drogas, pueden ser cosas que no quieres hacer, o no

estás preparado para hacer, o tienes miedo de hacer o sientes que son peligrosas. Ese es el momento de decidir por ti mismo lo que más te conviene: algo que no sea peligroso y sea sano para ti.

Todo el mundo comete errores o toma decisiones equivocadas de vez en cuando, y probablemente tú también lo harás. Pero la mayoría de las veces tomarás decisiones responsables, que sean buenas para ti, adecuadas para ti y tus amigos.

¡Gracias!

No podríamos haber escrito e ilustrado este libro sin la ayuda de los siguientes amigos y colegas, antiguos y nuevos. Unos leyeron todo el manuscrito; otros sólo leyeron un capítulo. Unos leyeron el manuscrito una sola vez, otros varias. Muchos nos ayudaron con las ilustraciones. Todos tenían algún comentario que hacer sobre este libro, y todos contestaron nuestras preguntas, con frecuencia más de una vez. Todas las personas citadas aquí se preocupan muchísimo de la salud y el bienestar de los niños y les tienen un respeto inmenso.

RHH y ME

Deb Allen, coordinadora y profesora de ciencias de escuela primaria, The Devotion School, Brooklyne, Massachusetts.

Tina Alu, coordinadora de educación sexual, Cambridge Family Planning, Cambridge, Massachusetts.

Joanne Amico, educadora sanitaria, Pierce School, Brookline, Massachusetts.

Doctora *Bonnie S. Anderson,* profesora de Historia, Brooklyn College, Brooklyn, Nueva York.

Fran Bash, asesor profesional, Planned Parenthood League of Massachusetts, Cambridge, Massachusetts.

Toni Belfield, Jefe de Información e Investigación, The Family Planning Association, Londres, Inglaterra.

Doctor *Merton Bernfield,* profesor de pediatría Clement A. Smith, director, Programa Conjunto de Neonatología, Children's Hospital, Boston, Massachusetts.

Doctora *Sarah Birss,* psiquiatra infantil, pediatra experimental, Cambridge, Massachusetts.

Larry Boggess, administrador escolar, escritor, Richmond, Indiana.

Alice Miller Bregman, editora senior. Nueva York, Nueva York.

Rosa Cassamassima, asesora, Medford, Massachusetts.

Deborah Chamberlain, madre, Norwood, Massachusetts.

Doctor *David S. Chapin,* director de ginecología, Beth Israel Hospital, Boston, Massachusetts.

Chuck Collins, padre, San Francisco, California.

Doctor *Edward J. Collins,* profesor clínico agregado, University of California en San Francisco, California.

Julia Collins, estudiante, San Francisco, California.

Paula Collins, madre, San Francisco, California.

Sara Collins, estudiante, San Francisco, California.

Sally Crissman, educadora científica, Shady Hill School, Cambridge, Massachusetts.

Mollianne Cunniff, educadora sanitaria, Brookline Public Schools, Brookline, Massachusetts.

Doctora *Kirsten Dahl,* profesora asociada, Yale University Child Study Center, New Haven, Connecticut.

Mary Dominguez, profesora científica, Shady School, Cambridge, Massachusetts.

Catherine Donagher, madre, Brookline, Massachusetts.

Sheila Donelan, profesora, diplomada en Educación, Fitzgerald School, Cambridge, Massachusetts.

Sandra Downes, profesora, Amos E. Lawrence School, Brookline, Massachusetts.

Nancy Crooker, asesora de educación sexual, San Francisco, California.

Ann Furedi, directora adjunta, The Birth Control Trust, Londres, Inglaterra.

Nicki Nichols Gamble, director ejecutivo, Parenthood League of Massachusetts, Cambridge, Massachusetts.

Frieda Garcia, presidenta, United South End Settlements, Boston, Massachusetts.

Doctora *Judith Gardner,* psicóloga, Brandeis University, Waltham, Massachusetts.

Trudy Goodman, diplomada en Educación, terapeuta infantil y familiar, Cambridge, Massachusetts.

Ben Harris, estudiante, Cambridge, Massachusetts.

Bill Harris, padre, Cambridge, Massachusetts.

David Harris, estudiante, Cambridge, Massachusetts.

Doctor *William Haseltine,* jefe, División of Human Retrovirology, Harvard Medical School, Dana Faber Cancer Institute, Boston, Massachusetts.

Doctor *Gerald Hass,* pediatra, Cambridge, Massachusetts; médico jefe, South End Medical Community Health Center, Boston, Massachusetts.

Doctor *M. Peter Heilbrun,* presidente, Departamento de

Neurocirugía, University of Utah, Salt Lake City, Utah.

Robyn O. Heilbrun, padre, Salt Lake City, Utah.

Doris B. Held, diplomada en Educación, psicoterapeuta, Harvard Medical School, miembro de la Comisión Gubernamental de Juventud Gay y Lesbiana de la Comunidad de Massachusetts, Cambridge, Massachusetts.

Michael Iskowitz, asesor jefe para pobreza, sida y política familiar, Comité del senado Norteamericano sobre Mano de Obra y Recursos Humanos, Washington, D.C.

Chris Jagmin, diseñador, Watertown, Massachusetts.

Larry Kessel, director ejecutivo, Comité de Acción contra el Sida de Massachusetts, Boston, Massachusetts, comisario, comisión Nacional Norteamericana para el Sida, Washington, D.C.

Doctor *Robert A. King,* profesor agregado de psiquiatría infantil, Yale University Child Study Center, New Haven, Connecticut.

Antoinette E.M. Leoney, madre, Salem, Massachusetts.

Elizabeth A. Levy, escritora de libros infantiles, Nueva York, Nueva York.

Doctor *Jay Levy,* profesor de medicina, Cancer Research Institute, University of California School of Medicine en San Francisco, California.

Leroy Lewis, profesor, Martin Luther King School, Cambridge, Massachusetts.

Carol Lynch, directora de asesoramiento, Planned Parentohood Clinic, Brookline, Massachusetts.

Lyn Marshall, profesora, The Atrium School, Watertown, Massachusetts.

Kristin Mercer, estudiante, Arlington, Massachusetts.

Ted Mermin, profesor, The Atrium School, Watertown, Massachusetts.

Doctor *Ronald James Moglia,* doctor en Educación, director, Graduate Program in Human Sexuality, New York University, Nueva York, Nueva York.

Rory Jay Morton, profesor, Shady Hill School, Cambridge, Massachusetts.

Doctor *Eli Newberger,* director, Family Development Program, Children's Hospital, Boston, Massachusetts.

Brenda O'Conner, profesora, M.E. Fitzgerald School, Cambridge, Massachusetts.

Dian Olson, educador y asesor, Planned Parenthood League of Massachusetts, Cambridge, Massachusetts.

Doctora, *June E. Osborn,* decana, School of Public Health, University of Michigan; presidenta, Comité Nacional Norteamericano para el Sida, Washington, D.C.

Jimmy Parziale, profesor, Michael Driscoll School, Brookline, Massachusetts.

Doctor *Kyle Pruett,* profesor clínico de psiquiatría, Yale University Child Study Center, New Haven, Connecticut.

Doctor *Jeffrey Pudney,* investigador asociado, Harvard Medical School, Boston, Massachusetts.

Jennifer Quest-Stern, estudiante, Cambridge, Massachusetts.

Louise Rice, enfermera diplomada, directora asociada de educación, Comité de Acción contra el Sida de Massachusetts, Boston, Massachusetts.

Sukey Rosenbaum, padre, Nueva York, Nueva York.

Kate Seeger, profesora, Shady Hill School, Cambridge, Massachusetts.

Doctora *Rachel Skvirsky,* profesora agregada de biología, University of Massachusetts, Boston, Massachusetts.

Paula Stahl, doctora en Educación, directora ejecutiva, Children's Charter Trauma Clinic, Waltham, Massachusetts.

Doctor *Michael G. Thompson,* psicólogo infantil, Cambridge, Massachusetts.

Laurence H. Tribe, profesor Tyler de Derecho Constitucional, Harvard Law School, Cambridge, Massachusetts.

Jane Urwin, funcionaria de Información médica, The Family Planning Association, Londres, Inglaterra.

Maeve Visser Knoth, bibliotecaria, Cambridge Public Library, Cambridge, Massachusetts.

Polly Wagner, profesora, The Atrium School, Watertown, Massachusetts.

Lilla Waltch, escritora, Cambridge, Massachusetts.

Rosalind M. Weir, madre, Cambridge, Massachusetts.

Ilion Woo, estudiante, Cambridge, Massachusetts.

Doctora *Donna Yee,* asesora, Visions Inc., Cambridge, Massachusetts.

Doctor *Barry Zuckerman,* profesor de pediatría, Boston University School of Medicine, Boston, Massachusetts.

Doctora *Pamela Zuckerman,* pediatra, Boston, Massachusetts.

Queremos dar las gracias especialmente a nuestra editora Amy Ehrlich por su compromiso de todo corazón con la preparación de este libro y su valor al editarlo; a nuestra directora de arte Virginia Evans, por escucharnos y comprender nuestro punto de vista; a nuestra editora asociada Jane Snyder por no perder de vista ninguna de las palabras ni las personas; a sus colegas de la *Candlewick Press,* por su apoyo entusiasta; a nuestros editores en *Walker Books,* Inglaterra: Sara Carroll y Amanda McCardie, por su cuidadosa tarea en este proyecto; a nuestra agente Elaine Markson, por su amistad y por creer en este libro y a nuestro dibujante, Lance Hidy, por su ojo maravilloso.

¡Oh, no: es el final!

¡Gracias a Dios, es el final!

Índice